종이 오리는 이야기꾼
한스 크리스티안 안데르센

SEOUL, 2016

나뭇잎 왕관을 쓰고 웃고 있는 신사.
9cm x 17cm ｜ 오덴세 한스 크리스티안 안데르센 박물관

THE AMAZING PAPER CUTTINGS OF
HANS CHRISTIAN ANDERSEN

종이 오리는 이야기꾼 한스 크리스티안 안데르센

베스 와그너 브러스트 지음 | 햇살과나무꾼 옮김

시공주니어

감사의 말

어떤 질문도 사소하게 넘기지 않고 어떤 부탁도 거리낌 없이 받아 준 덴마크 오덴세 한스 크리스티안 안데르센 박물관의 에를링 고름스벨 보조 학예사에게 더없이 깊은 감사를 드립니다. 또 소장하고 있는 종이 오리기 작품을 제공해 준 코펜하겐 왕립 도서관의 비르기테 포싱과 야코브 톰센에게, 원고를 전문적으로 검토하고 비평해 준 오덴세 대학교 한스 크리스티안 안데르센 국제 연구 조사 센터 소장 요한 데 뮐리우스 교수에게도 감사드립니다.

종이 오리는 이야기꾼
한스 크리스티안 안데르센

초판 제1쇄 인쇄일 2016년 5월 25일　초판 제1쇄 발행일 2016년 5월 30일
지은이 베스 와그너 브러스트　옮긴이 햇살과나무꾼
발행인 이원주　본부장 김문정
편집 박진희, 장혜란, 장슬기　디자인 남희정, 김효연
마케팅 이홍균, 양윤석, 전아름, 김유정
저작권 이경화, 최아정　제작 김영훈
발행처 (주)시공사　주소 서울시 서초구 사임당로 82
전화 영업 2046-2800 편집 2046-2821~4
인터넷 홈페이지 www.sigongjunior.com

옮김 ⓒ 햇살과나무꾼, 2016

THE AMAZING PAPER CUTTINGS OF
HANS CHRISTIAN ANDERSEN
Text copyright ⓒ 1994 by Beth Wagner Brust
All rights reserved.
This Korean edition was published by Sigongsa Co., Ltd. in 2016 by special arrangement with
Houghton Mifflin Harcourt Publishing Company through KCC(Korea Copyright Center Inc.), Seoul.

이 책의 한국어판 저작권은 (주)한국저작권센터(KCC)를 통해 저작권자와 독점 계약한
(주)시공사에 있습니다. 저작권법에 의해 한국 내에서 보호받는 저작물이므로
무단 전재와 무단 복제를 금합니다.

ISBN 978-89-527-8237-3 73990

*시공주니어 홈페이지 회원으로 가입하시면 다양한 혜택이 주어집니다.
*잘못 만들어진 책은 구입하신 서점에서 바꾸어 드립니다.

KC마크는 이 제품이 공통안전기준에 적합하였음을 의미합니다.
제조국 : 대한민국　사용 연령 : 8세 이상
주의 사항 : 책장에 손이 베이지 않게, 모서리에 다치지 않게 주의하세요.

나의 길동무 숀과 팸, 그리고
집을 지킨 폴, 벤, 샐리에게

백조를 탄 피에로와 네모꼴 테두리. 1844년 독일 작센의 막센 영지에서 세레 가족에게 만들어 준 작품.
23cm x 23cm | 오덴세 한스 크리스티안 안데르센 박물관

차례
Contents

들어가는 말: 작가이자 예술가 ··· *11*

제1장: 인형 놀이와 공상으로 보낸 어린 시절 ··· *16*

제2장: 작가가 되다 ··· *25*

제3장: 무대 한가운데에 선 한스 크리스티안 안데르센 ··· *33*

제4장: "여행은 곧 삶이다" ··· *41*

제5장: 종이 오리기 좋은 집 ··· *49*

제6장: 종이 오리기 예술 ··· *59*

맺는말: 과감히 다르게 ··· *69*

옮긴이의 말 ··· *73*

참고 문헌과 출처 ··· *76*

찾아보기 ··· *80*

일러두기
- 수록된 종이 오리기 작품은 특별한 설명이 없으면 흰 종이로 만든 것이다. 언제, 어디서, 누구에게 만들어 주었다는 기록이 남아 있지 않는 것도 있다. 작품에 대해 알려진 정보는 모두 그림 설명에 덧붙여 두었다. − 지은이
- 덴마크어 고유명사는 국립국어원의 외래어 표기법에 따라 표기했다.
- 본문 안의 * 표시는 옮긴이 주를 뜻한다.

종이 오리는 이야기꾼
한스 크리스티안 안데르센

무용수와 꽃과 웃는 얼굴들. 1864년 덴마크가 프로이센과 전쟁을 치를 때 덴마크 군인 가족들에게 기부할 돈을 마련하기 위해 코펜하겐 경매에 내려고 만든 작품. 가운데에 덴마크어로 시가 적혀 있다. "이 종이 오리기 작품은 조금 비싸요. / 값은 반 리그스달러 (*덴마크의 옛 화폐 단위)지요. / 하지만 당신의 친절한 마음으로 사는 것은 / 사실 한 편의 동화랍니다."

35cm x 43cm | 코펜하겐 왕립 도서관

들어가는 말

작가이자 예술가
Writer and Artist

한스 크리스티안 안데르센은 동화로 전 세계에 이름을 알렸다. 이 덴마크의 이야기꾼은 《엄지 아가씨》, 《인어 공주》, 《못생긴 새끼 오리》, 《황제의 새 옷》, 《꿋꿋한 주석 병정》을 비롯해 150편이 넘는 동화를 지었다. 그런데 많은 사람들이 안데르센의 동화는 좋아하면서도 안데르센이 예술가라는 사실은 잘 모른다. 안데르센은 혼자서 그림 그리는 법과 콜라주 만드는 법을 익혔고, 인형과 인형 극장을 만들었다. 또 종이를 오려 신기한 모양을 만들기도 했다. 안데르센이 오린 종이를 보면 누구나 그 매력에 흠뻑 빠져들었다.

안데르센이 살던 1805년에서 1875년 무렵에는 대부분 놀잇감을 스스로 만들어야 했다. 그 시절에는 텔레비전이나 라디오, 영화가 없었기 때문이다. 극장이나 연주회장에 갈

수는 있었지만, 집에서는 노래를 부르고 악기를 연주하거나, 카드놀이 같은 놀이를 즐겼다. 또 대화도 나누고, 낭독도 하고, 이야기도 들었다.

당시 최고의 이야기꾼으로 손꼽히던 안데르센은 늘 사람들을 즐겁게 하는 재주꾼으로 인기가 많았다. 안데르센을 "동화 왕자님"이라고 부른 어린이도 있었다. 안데르센은 생동감 넘치는 몸짓을 섞어 가며 자신이 쓴 동화를 들려주었고, 동화를 쓸 때도 당시 다른 덴마크 작가들과 달리 딱딱한 문장이 아니라 평소에 쓰는 말투를 사용했다. 그래서 안데르센의 동화는 여느 작가들의 이야기와 달랐다. 안데르센의 동화와 마찬가지로 안데르센의 종이 오리기도 대단히 독창적이고 큰 감탄을 불러일으켰다.

안데르센이 어떻게 그토록 뛰어난 종이 오리기 솜씨를 갖게 되었는지 글로 밝힌 적은 없다. 안데르센은 생전에 일기, 희곡, 시, 소설, 여행기, 자서전 등을 계속 썼고 편지도 몇천 통을 주고받았지만, 그중에 종이 오리기 이야기가 나오는 글은 거의 없다. 안데르센의 종이 오리기에 관해 알려진 사실은 대부분 다른 사람들이 쓴 글에서 찾아내거나 종이 오리기 작품을 직접 관찰해서 알아낸 것들이다.

안데르센은 주로 사람들이 보는 앞에서 종이를 오렸는데, 곧잘 동화를 들려주면서 오리기도 했다. 많은 사람들이, 특히 어린아이들이 그 모습에 감동하여 안데르센의 이야기와 종이 오리기 작품을 평생 기억했다. 그 가운데 몇몇 어린이는 어른이 되어 안데르센과 안데르센의 놀라운 종이 오리기 작품에 대해 글을 쓰기도 했다.

보딜 폰 도네르 남작 부인은 열 살 때 덴마크의 자기 집에서 처음으로 안데르센이 동화를 들려주며 종이 오리는 모습을 보았다. 어른이 된 남작 부인은 그때를 이렇게 기억했다.

"안데르센은 늘 어마어마하게 큰 가위로 종이를 오렸다. 어떻게 그런 커다란 손으로 그렇게 어마어마하게 큰 가위를 들고 그토록 여리고 섬세한 모양을 오려 내는지 도무지 알 수 없었다."

안데르센이 무척 사랑한 대녀(*기독교에서 아이가 세례를 받을 때 가까운 어른이 후견인이 되어 주는데, 이때 후견하는 어른을 대부 또는 대모, 후견을 받는 아이를 대자 또는 대녀라

한스 크리스티안 안데르센의 사진.
촬영 날짜 모름.
스톡 몽타주

고 부른다) 리모르 벤딕스는 안데르센이 이야기를 들려주며 종이 오리는 모습을 자주 보았다. 리모르 벤딕스는 훗날 이렇게 썼다.

"안데르센은 이야기를 들려주면서 종이를 접고, 가위를 이리저리 구불구불 움직였다. 그런 다음 종이를 펼치면 어느새 모양이 생겨나 있었다."

안데르센은 동화에 자주 쓴 소재들을 종이 오리기 작품에도 곧잘 등장시켰다. 무용수, 백조, 요정, 황새, 야자수, 발레리나, 성, 악마, 큐피드, 천사, 인어, 마녀, 이슬람 사원 같은 것들이다. 하지만 이야기의 내용을 그대로 오린 적은 한 번도 없다. 오히려 인어 이야기를 들려주면서 극장 무대를 오리는 식이었다. 예상 밖의 그림을 오리면 더욱 흥미진진할 것으로 생각한 듯하다.

안데르센이 종이 오리기 작품을 얼마나 만들었는지는 아무도 모르지만, 안데르센은 십 대 시절부터 죽을 때까지 끊임없이 종이를 오렸다. 몇백 점, 어쩌면 몇천 점일지도 모르는 작품 가운데 지금까지 남아 있는 것은 겨우 250점뿐이다. 종이 오리기 작품이 망가지기 쉽다는 점, 더구나 대부분 어린아이들에게 놀잇감으로 주었다는 점을 생각하면 그렇게 많은 작품이 남아 있다는 것이 오히려 놀랍다.

안데르센의 종이 오리기 작품은 100년이 지난 지금도 여전히 흥미롭고 재미있다. 해마다 16만 명이 넘는 사람들이 덴마크 오덴세의 한스 크리스티안 안데르센 박물관을 찾아 안데르센의 일생을 돌아보고 박물관에 전시된 종이 오리기 작품을 감상한다.

많은 사람들이 안데르센을 작가로 기억하지만, 안데르센은 일생 가위와 종이로도 창조적 재능을 쏟아 냈다. 안데르센의 종이 오리기 작품에는 안데르센의 상상력이 만들어 낸 환상적인 세계가 드러날 뿐 아니라 안데르센의 삶도 어렴풋이 보인다.

들어가는 말: 작가이자 예술가

백조, 야자수, 건축물, 부채를 든 숙녀, 교수대에 매달린 "마음 도둑" 등 안데르센이 즐겨 쓴 소재가 많이 등장하는 종이 오리기 작품.
23cm x 14cm | 오덴세 한스 크리스티안 안데르센 박물관

제1장

인형 놀이와 공상으로 보낸 어린 시절

*A Childhood of Puppets
and Make-believe*

    어린 시절 한스 크리스티안 안데르센은 종종 눈을 감고 동네를 걸어 다녔다. 안데르센이 자란 동네는 인구 5천 명의 덴마크 도시 오덴세에서 가장 가난한 곳이었다. 말이 끄는 수레가 좁다란 자갈길을 덜컹덜컹 달려가면, 물건을 사라고 외쳐 대는 길거리 상인들의 목소리조차 들리지 않았다. 화로에서 풍기는 음식 냄새는 쓰레기 썩는 냄새와 뚜껑 없는 하수도의 악취와 뒤섞이곤 했다. 가난한 노동자의 아이들은 거리의 거지들과 술주정뱅이들, 떠돌이 개들을 피해 조심조심 걸어야 했다.

    그냥 걷는 것조차 쉽지 않은 이 험한 동네에서, 안데르센은 곧잘 눈을 감고 거리를 걸어 다녔다. 안데르센은 자서전에 "어릴 때 나는 공상을 많이 하는 특이한 아이라서 툭하면 눈을 감고 다녔다."라고 썼다. 가난에 찌든 주변 세상에서 자신을 떼어 놓았던 것이다. 안데르센은 열네 살 때 어머니한테 "난 유명해질 거예요."라고 말했다. "특별한 사람들"의 인생 이야기를 읽고 특별한 사람이 되는 방법을 알아냈다고 생각한 것이다. 그 방법이란 "처음에는 엄청나게 고생하다가 나중에 유명해지는 것"이었다.

안데르센은 1805년 4월 2일에 태어났다. 외아들이던 안데르센은 "못 말리는 응석받이"였다. 안데르센의 자서전을 보면 이런 구절이 나온다.

"아버지는 내가 바라는 것은 무엇이든 들어주었다. 아버지의 마음속에는 온통 나밖에 없었다. 아버지는 나만 보고 살았다."

안데르센과 똑같이 이름이 한스인 아버지는 구두장이였고, 안데르센처럼 공상을 좋아했다. 반면 어머니 아네 마리는 착실하고 현실적인 여성으로, 안데르센을 도맡아 보살피고 방이 하나밖에 없는 작은 집을 늘 깔끔하고 깨끗하게 꾸몄다. 안데르센의 할머니도 가까이 살아서 종종 안데르센을 찾아왔다. 할머니는 안데르센에게 옛날이야기를 들려주고, 거리 퍼레이드나 축제에도 데려가 주었다.

어머니와 할머니가 가르쳐 준 기독교와 민간 신앙은 안데르센의 종이 오리기 작품에 마녀, 괴물, 천사, 십자가 같은 모양으로 나타난다. 어른이 되어 대학에서 공부하고 나서는 안데르센도 아버지처럼 마녀나 괴물을 "상상의 존재"로 여기게 되었지만, 동화와 종이 오리기 작품에는 계속 상상의 존재들을 등장시켰다.

안데르센은 운이 좋았다. 타고난 재능을 격려해 주는 집안에서 태어났기 때문이다. 이웃 아이들은 대부분 어릴 때부터 공장에 들어가거나 기술자로 일했다. 안데르센의 아버지도, 아버지처럼 구두장이였던 할아버지도 어쩔 수 없이 어릴 때부터 일을 했다.

안데르센의 아버지는 머리가 좋고 공부에 뜻이 있었다. 아버지는 좋은 교육을 받고 싶어 했지만, 집이 너무 가난해 사립 문법학교(*옛날 유럽에서 대학에 진학하려는 학생들이 공부하던 학교로 라틴어 문법이 주요 과목이었기 때문에 문법학교라고 불렀다)에는 다닐 수 없었다. 어쩔 수 없이 가난한 아이들에게 읽고 쓰는 것을 가르쳐 주는 자선 학교만 겨우 졸업하고 바로 기술을 배워야 했다. 아버지는 구두장이가 되었지만, 죽을 때까지 자신의 직업을 싫어하고 원망했다. 안데르센의 아버지는 아들이 자기 대신 하고 싶은 일을 하며 꿈을 이루기를 바랐다.

안데르센은 할아버지를 무서워했다. 할아버지는 정신병을 앓았는데, 나이가 들어서는 시골을 돌아다니며 기묘한 모양의 나무 조각품을 만들었다. 그런 조각품을 아이들 장난감으로 주고 먹을 것을 얻곤 했다. 할아버지는 사람들에게 아무 해도 끼치지 않았지만, 사내아이들은 할아버지를 따라다니며 놀려 댔다. 안데르센은 자신도 할아버지처럼 미치게 될까 봐 평생 두려워했다. 영리하고 창의력이 넘치던 아버지와 할아버지가 가난하고 교육을 받지 못해 불행하게 사는 모습을 보고, 안데르센은 아버지나 할아버지처럼 되지 않겠다고 굳게 마음먹었다.

여느 이웃집과 달리, 안데르센의 집에는 책이 몇 권 있었다. 책은 작업대 위쪽 찬장에 놓여 있었는데, 구두장이 아버지는 밤마다 덴마크 작가가 쓴 희곡이나 성서 이야기, 여러 문학 작품을 읽어 주었다. 안데르센은 자선 학교에서 글 읽는 법을 배운 뒤로는 혼자서 집에 있는 책들을 읽고 또 읽었다. 특히《아라비안나이트》를 좋아했다. 훗날 터키에 가서 이슬람 사원을 보게 되지만, 안데르센이 곧잘 오린 중동의 이슬람 사원은《아라비안나이트》에서 영향을 받은 것인지도 모른다.

뾰족탑이 있는 중동의 이슬람 사원. 1859년 뇌레 보스보로 저택에서 탕 가족에게 만들어 준 작품.
20cm x 13cm | 오덴세 한스 크리스티안 안데르센 박물관

아버지는 안데르센에게 장난감과 인형 극장을 만들어 주고, 안데르센과 함께 인형과 인형 옷을 만들어 연극도 했다. 안데르센은 자서전에 어린 시절 "가장 즐거웠던 일"이 인형 옷을 만드는 것이라고 썼다. 이때 천을 자르면서 갈고닦은 솜씨로 훗날 종이 오리기 작품을 만들 수 있었다.

안데르센은 일곱 살 때 처음으로 부모님을 따라 진짜 극장에 가 보았다. 처음에는 연극보다 관객을 구경하는 일이 더 재미있었지만, 몇 번 가 본 뒤로는 극장이 "가장 좋아하는 곳"이 되었다. 집안 형편 때문에 극장표를 쉽게 살 수 없어서, 어린 안데르센은 스스로 대본을 쓰고 인형 극장을 만들어 공연했다. 안데르센은 평생토록 변함없이 극장을 사랑했고, 무대나 무용수, 극장 광대를 종이 오리기 작품에 곧잘 등장시켰다.

안데르센은 밖에 나가 자연을 벗 삼아 지내는 것도 좋아했다. 일요일이면 아버지와 함께 마을 근처 숲으로 가서 딸기나 꽃을 땄다. 집의 작은 뒤뜰에서 어머니의 앞치마로 조그만 천막을 만들고 누워 공상하거나, 나뭇잎이 하늘에 그리는 무늬를 바라보며 감탄하기도 했다.

안데르센이 열한 살 때, 아버지가 세상을 떠났다. 어머니는 안데르센을 혼자 남겨 두고 남의 집에 빨래를 하러 다녔다. 안데르센은 학교에 가지 않을 때는 대개 혼자 집에서 자기만의 작은 극장을 갖고 놀거나 인형 옷을 만들고, 희곡과 여러 책을 읽었다.

열두 살 무렵 윌리엄 셰익스피어(*영국의 극작가. 《햄릿》, 《리어 왕》, 《맥베스》 등 수많은 명작을 남긴 세계 최고의 극작가)의 작품을 알게 된 안데르센은 자서전에서 그때를 이렇게 회상했다.

"나는 곧장 셰익스피어 연극을 나의 작은 인형 극장에 올렸다. 나는 사람이 많이 죽을수록 재미있는 연극이라고 생각했다. 내가 첫 작품을 쓴 것은 바로 이 무렵이었다."

열두 살이란 나이에 이미 한스 크리스티안 안데르센은 평생의 직업이 될 작가이자 공연가이자 예술가의 길로 들어서고 있었다.

여느 아이들과 달리 안데르센은 혼자 놀기를 좋아했다. 자신이 만들어 낸 공상 세계를

코코넛 야자수.
나무 크기: 8cm x 13cm | 코펜하겐 왕립 도서관

좋아한 것이다. 안데르센은 이런 아이였다.

"나는 좀처럼 다른 사내아이들과 같이 놀지 않았다. 학교에서도 아이들이 무엇을 하고 노는지 거의 관심이 없었다."

안데르센은 겉모습도 다른 아이들과 달랐다. 나이에 비해 키가 껑충하고 몸이 삐쩍 마른 데다, 기다란 노랑머리에 코는 길쭉하고 초록빛 눈은 작았다. 안데르센은 어느 시에 자기 눈이 "초록 완두콩처럼 조그맣다."라고 썼고, 어느 시에는 자기가 허수아비를 닮았다고 쓰기도 했다.

남들과 다르기는 해도, 안데르센은 사람들 앞에서 수줍어하거나 겁을 먹는 아이는 아니었다. 오히려 시선을 끌고 칭찬받고 싶은 마음에 곧잘 사람들 앞에 나가 노래를 불렀다. 안데르센은 강가나 뒤뜰에서 높고 아름다운 목소리로 노래했다. 안데르센의 집은 가난한 동네의 맨 가장자리에 있었는데, 옆집은 고위 관리의 집이었다. 안데르센은 자기 집 뒤뜰과 바로 붙어 있는 옆집 정원에서 "점잖은 사람들"이 자기 노래를 귀 기울여 듣는 것을 좋아했다.

안데르센은 길거리에서도 연극을 공연하고 직접 쓴 시를 읊기도 했다. 처음 쓴 희곡을 길거리에서 소리 내어 읽었을 때는 "대단히 만족스럽고 기뻤다."고 한다. 하지만 그런 공연을 달가워하지 않던 이웃들은 안데르센을 비웃었다. 또래 사내아이들은 안데르센을 쫓아다니며 "저기 극작가 양반이 가신다!" 하고 소리치며 괴롭히기도 했다.

안데르센이 열네 살이 되자, 어머니는 안데르센에게 일을 시키기로 마음먹었다. 그 나이의 남자아이라면 누구나 일을 했다. 안데르센이 알록달록한 자투리 천을 모아 자르고 꿰매는 것을 좋아해서, 어머니는 안데르센을 재단사로 만들려고 했다. 하지만 안데르센

앞코가 구부러진 신발을 신고 무릎을 구부리고 있는 남자.
11cm x 17cm | 코펜하겐 왕립 도서관, H. 로게 페테르센 컬렉션

은 재단사보다 더 큰 꿈을 품고 있었다. 바로 덴마크의 수도 코펜하겐에서 왕립 극장의 배우가 되는 것이었다.

어머니는 아들에게 오덴세를 떠나지 말라고 했다. 안데르센이 아직 홀로서기에는 너무 어린 것 같았다. 게다가 코펜하겐은 너무 크고 너무 먼 도시였다. 오덴세에서 코펜하겐까지는 140킬로미터 가까이 되었는데, 그 시절에는 마차로 이틀을 가야 하는 거리였다. 하지만 안데르센의 굳은 결심을 되돌릴 수는 없었다. 결국 어머니는 아들이 며칠 못 가 겁을 먹고 돌아오기를 바라며 안데르센을 보내 주었다.

그렇게 한스 크리스티안 안데르센은 열네 살에 집과 가족이 있는 오덴세를 뒤로하고 성벽으로 둘러싸인 거대한 도시 코펜하겐을 향해 길을 떠났다.

제 2 장

작가가 되다

Becoming a Writer

　안데르센은 1819년 9월 6일에 덴마크의 수도 코펜하겐에 도착했다. 가진 것이라고는 10리그스달러(이 돈은 결국 2주도 지나지 않아 다 떨어졌다)와 작은 옷 꾸러미, 곰팡내 나는 빵뿐이었다. 게다가 코펜하겐에 아는 사람이라고는 한 명도 없었다.
　안데르센은 머물 곳을 찾자마자 배우 일자리를 구하러 왕립 극장으로 갔다. 하지만 극장 감독은 안데르센이 너무 마르고 몸놀림이 서툰 데다가, 왕립 극장에서는 교육받은 사람들만 배우로 쓴다고 했다. 그래서 안데르센은 배우 대신 가수가 되기로 했고, 다행히 한 음악 선생의 마음에 들어 공짜로 노래를 배웠다. 하지만 여섯 달 뒤 변성기가 찾아와 목소리가 갈라지는 바람에 더 이상 노래를 부를 수도 없었다.

Two: Becoming a Writer

발레리나가 있는 극장 무대.
27cm x 22cm | 오덴세 한스 크리스티안 안데르센 박물관

제2장: 작가가 되다

그래도 안데르센은 2년 동안 꾸준히 무용수와 가수 오디션을 보았다. 안데르센이 성실하고 끈기 있게 열심히 노력하자, 선생들도 안데르센을 가르쳐 주었다. 안데르센이 재능이 뛰어나지 않고 외모도 특이해서 기껏해야 합창단 정도밖에 들어가지 못할 거라면서 말이다.

마침내 안데르센은 발레와 연극에서 대사 없는 단역을 맡았다. 사람들이 우르르 나오는 장면에서 무대에 선 것이다. 안데르센은 간신히 먹고살 만큼만 돈을 벌고, 남는 시간에는 어릴 때 아버지가 만들어 주던 인형 극장을 만들었다. 옷 가게에서 비단과 벨벳 자투리를 얻어 와 고향에서 하던 것처럼 인형 옷도 만들었다.

1822년에 안데르센은 그나마 얻은 단역 일자리마저 잃고 말았지만, 그래도 계속 극장에 남겠다고 마음먹었다. 그때 처음으로 글쓰기를 직업으로 삼을 수도 있겠다는 생각이 들었다. 안데르센은 훗날 당시의 상황을 이렇게 썼다.

"나는 극장에 낼 작품을 반드시 써야 했고, 극장에서는 내 작품을 반드시 받아 주어야 했다. 나에게 다른 길은 없었다."

안데르센은 인형 극장용으로 지었던 이야기들을 바탕으로 첫 희곡을 썼다.

제대로 된 교육을 받지 못한 안데르센이 무대에 올릴 만한 작품을 쓸 수 있을 리는 없었다. 왕립 극장은 안데르센이 쓴 희곡들을 받아 주지 않았다. 그래도 극장 위원회는 안데르센의 이야기 재능을 알아보고 안데르센에게 공부를 더 해서 "언젠가 덴마크 무대에 올릴 만한 작품을 쓸 수 있기를 바란다."고 말했다.

왕립 극장 위원 가운데 한 사람인 요나스 콜린은 안데르센이 작은 도시의 문법학교에 다닐 수 있도록 국왕의 후원금을 신청해 주었다. 안데르센은 콜린의 제안을 감사히 받아

들였다. 이 기회를 놓치면 결코 그런 교육을 받을 수 없을 터였다. 하지만 다시 학교에 다니는 일은 만만하지 않았다. 배우나 가수, 작가가 되고 싶었는데 학생이 된 것이니 말이다. 어른처럼 키가 큰 열일곱 살 소년이 열두 살 아이들이 다니는 학교에서 공부를 해야 했다. 게다가 교장 선생은 걸핏하면 안데르센을 야단치며 못살게 굴었다. 안데르센은 5년 동안 힘들게 공부해 1827년에 드디어 초등과 중등 교육을 모두 마쳤다. 그리고 코펜하겐으로 돌아가 대학교에 들어갔다.

대학 시절부터 안데르센은 본격적으로 글을 썼다. 1831년 무렵에는 이미 몇 권의 책을 낸 작가였다. 코펜하겐 시내를 걸어 다닌 경험을 익살스럽게 쓴 책도 내고, 시집도 한 권 출판했다. 2년 뒤에는 희곡과 시집을 몇 권 더 내고 다시 국왕에게 후원금을 받았는데, 이번에는 그 돈으로 유럽 여행을 떠났다. 이 여행을 시작으로 안데르센은 평생 수십 차례나 외국 여행을 다녀왔다.

코펜하겐으로 돌아와서 안데르센은 첫 소설을 완성했다. 그리고 책이 나오기를 기다리는 동안, 훗날 자신의 이름을 널리 알리게 될 새로운 작업을 시작했다. 안데르센은 친한 사람들에게 편지를 보내 그 소식을 전했다.

"'어린이에게 들려주는 이야기'를 쓰기 시작했는데, 잘 풀리고 있는 것 같습니다. 내가 어릴 때 좋아했지만 잘 알려지지는 않은 이야기를 한두 편 썼어요. 아이들한테 이야기를 들려주는 말투를 그대로 썼습니다. 자라나는 세대의 마음을 얻고 싶거든요."

1835년 5월, 마침내 안데르센의 동화 네 편이 『어린이를 위한 동화』라는 제목의 책으로 출판되었다. 이 가운데 《부시통》, 《작은 클라우스와 큰 클라우스》, 《완두콩 위에서 잔 공주》, 이 세 편은 옛이야기를 다시 쓴 것이다. 《어린 이다의 꽃》은 안데르센이 창작한 동

제2장: 작가가 되다

둥글게 서서 손을 맞잡고 하트 모양을 들고 있는 남자들.
21cm x 20cm | 코펜하겐 왕립 도서관, H. 로게 페테르센 컬렉션

화로, 원래는 이다 틸레라는 여자아이에게 들려준 이야기였다. 이다는 안데르센이 코펜하겐에 온 첫해에 알게 된 젊은 교수의 딸이다.

안데르센이 어느 날 틸레의 집에 갔는데, 어린 이다가 안데르센에게 시든 꽃다발을 보여 주며 "왜 예쁜 꽃들이 밤사이에 시들어 버린 거예요?" 하고 물었다. 그러자 안데르센은 꽃들이 전날 밤늦게까지 춤을 추느라 고단해서 시들어 버렸다고 대답했다. 그렇게 이다에게 들려준 이야기가 바로《어린 이다의 꽃》이 되었다.

춤추는 피에로. 물리학자 H. C. 외르스테드의 딸
마틸데 외르스테드에게 만들어 준 작품.
17cm x 22cm | 오덴세 한스 크리스티안 안데르센 박물관

《어린 이다의 꽃》은 안데르센이 처음 출판한 창작 동화이자 처음으로 종이 오리기가 등장하는 이야기이기도 하다. 이야기 속에 종이로 인형을 오려 여자아이를 즐겁게 해 주는 학생이 등장한다. 안데르센은 이야기 첫머리에서 그 학생을 이렇게 묘사한다.

"이다는 이 학생을 아주 좋아했어요. 늘 재미난 이야기를 들려주니까요. 학생은 또 종이를 오려서 갖가지 재미있는 모양도 만들어 주었어요. 하트 모양 안에서 춤추는 작은 여자아이나 꽃, 문을 여닫을 수 있는 성 같은 걸 말이에요. 정말 유쾌한 학생이었답니다!"

하트 모양 교수대에 매달린 두 사람.
1856년 독일 작센의 막센 영지에서 세레 가족에게 만들어 준 작품.
6cm x 10cm | 오덴세 한스 크리스티안 안데르센 박물관

안데르센은 누구나 이다처럼 자기 이야기와 종이 오리기를 좋아해 주기를 바랐다. 하지만 《어린 이다의 꽃》에는 학생을 흠잡는 노인도 나온다.

"이 사람은 학생을 싫어했는데, 특히 우스꽝스러운 그림을 오려 내고 있는 것을 보면 늘 중얼중얼 잔소리를 했답니다. 이를테면 훔친 심장을 손에 든 채 교수대에 매달려 있는 사내, 그러니까 마음 도둑이나 자기 남편을 코끝에 걸고 빗자루를 타는 마귀할멈 같은 그림이었죠. 공무원은 그런 것들을 몹시 싫어했기 때문에 지금과 똑같이 말했어요. '어린애한테 별걸 다 가르쳐 주는구먼! 그런 엉터리 같은 생각을!'"

안데르센의 동화에는 종이 오리기를 헐뜯는 인물이 나오지만, 지금까지 알려진 바로 안데르센의 종이 오리기 작품을 흠잡은 사람은 아무도 없다. 안데르센에게 바보 같고 유치한 동화는 그만 쓰고 진지한 문학만 쓰라고 한 사람들도 안데르센의 종이 오리기 작품은 좋아한 듯하다.

제3장

무대 한가운데에 선
한스 크리스티안 안데르센

Hans Christian Andersen
at Center Stage

안데르센은 1841년 어느 날 일기에 이렇게 썼다.

"나는 꼭 사람들의 눈길을 끌고 싶다."

비록 무대에 서는 꿈은 일찌감치 꺾였지만, 안데르센은 여전히 극장을 사랑했다. 하룻밤에 연극을 두세 편씩 보는 날도 많았다. 평생 희곡을 마흔일곱 편이나 썼지만, 안데르센이 정말 하고 싶었던 일은 무대에 서서 사람들의 주목을 한 몸에 받는 것이었다. 그저 연극을 보거나 희곡을 쓰는 것만으로는 성에 차지 않았다.

안데르센은 주목받고 싶은 마음을 채우려고 종이를 오리며 이야기를 들려주었다. 이야기를 할 때면 주위에 사람들을 빙 둘러 모았다. 아이도 있고 어른도 있고, 앉은 사람도 있

Three: Hans Christian Andersen at Center Stage

고 선 사람도 있었다. 사람들이 조용해지면, 안데르센은 이야기를 시작했다.

후원자 요나스 콜린의 아들 에드바르 콜린은 안데르센의 생동감 넘치는 이야기 솜씨를 이렇게 설명했다.

"안데르센은 '아이들이 마차를 타고 떠났습니다.'라고 말하지 않았다. 안데르센은 이렇

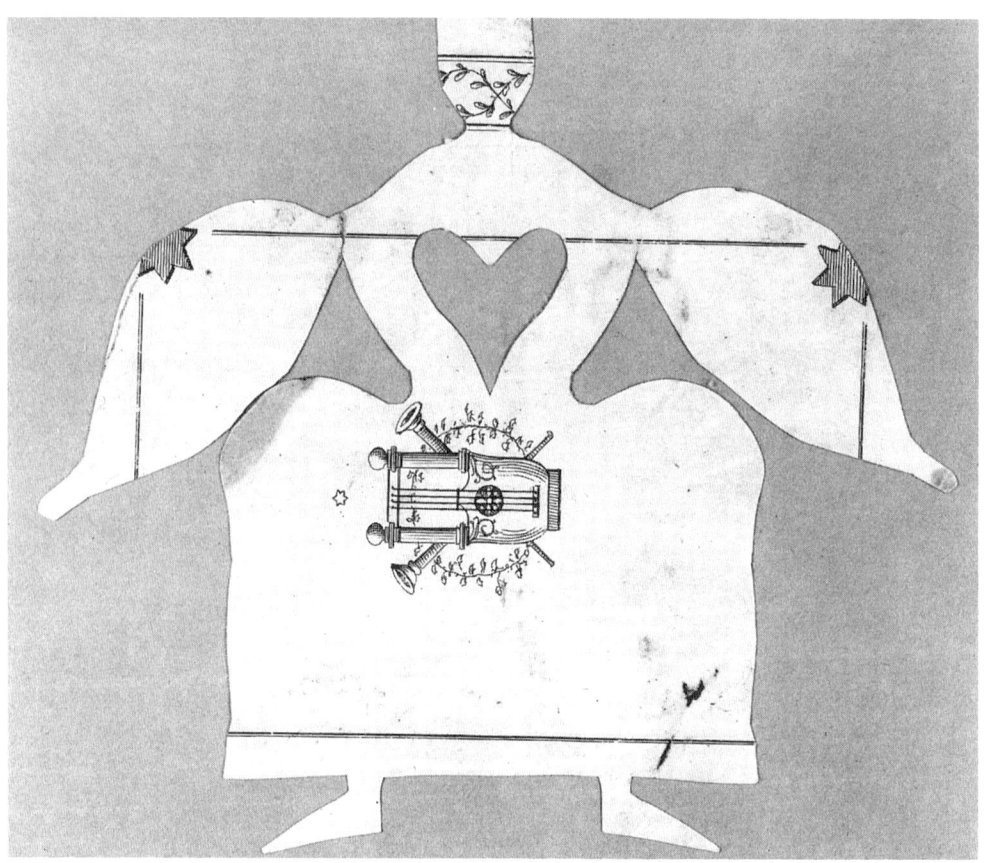

가장무도회 옷을 입은 여인. 코펜하겐에서 신문 편집자 A. P. 리웅에의 딸 루이세 크루세에게 음악회 책자를 오려 만들어 준 작품.
12cm x 11cm | 오덴세 한스 크리스티안 안데르센 박물관

꽃무늬 고리를 든 네 여자아이. 1850년대에 물리학자 H. C. 외르스테드의 딸 마틸데 외르스테드에게 만들어 준 작품.
22cm x 13cm | 오덴세 한스 크리스티안 안데르센 박물관

게 말했다. '아이들이 마차에 탔어요. '안녕, 아빠! 안녕, 엄마!' 채찍이 착! 착! 마차가 떠납니다, 가자! 이랴!'"

사용하는 단어도, 이야기를 들려주는 솜씨도 그야말로 훌륭한 이야기꾼다웠다.

안데르센이 종이를 오리면서 이야기를 들려주면 사람들은 더욱 이야기에 집중했다. 이야기가 어떻게 끝날지도 궁금하고, 종이가 어떤 모양이 될지도 궁금했기 때문이다. 마침내 안데르센이 접은 종이를 펼쳐 요정과 백조, 난쟁이와 광대를 보여 주면 지켜보고 있던

사람들은 언제나 짜릿한 즐거움을 느꼈다.

안데르센은 독일을 여행하다가 화가 빌헬름 폰 카울바흐의 집에 간 적이 있는데, 훗날 카울바흐는 유명 작가 안데르센이 종이 오리기로 식구들을 즐겁게 해 주었다고 말했다.

"이야기가 끝나면 안데르센은 줄줄이 이어진 발레 무용수들을 우리 눈앞에 쫙 펼쳐 보이곤 했다. 안데르센은 종이 오리기가 잘되면 무척 기뻐했다. 우리가 이야기를 듣고 감동할 때보다 종이 오리기 작품을 칭찬하는 것을 더 좋아했다."

안데르센처럼 성공한 작가가 어째서 이야기보다 종이 오리기에 더 신경을 썼을까? 자신의 동화가 인기 있다는 것은 스스로도 잘 알고 있었기 때문일 것이다. 가는 곳마다 사람들에게 동화책을 써 주어서 고맙다는 인사를 듣거나, 이야기를 들려 달라는 부탁을 받았으니 말이다. 하지만 안데르센의 종이 오리기를 아는 사람은 많지 않았기에, 능숙한 솜씨로 가위와 종이를 다루면 사람들이 깜짝 놀라곤 했다.

워낙 주목받고 칭찬받기를 좋아하는 성격이기도 했지만, 안데르센이 사람들의 칭찬을 그토록 중요하게 여긴 데에는 한 가지 이유가 더 있을지도 모른다. 안데르센은 19세기 초에는 거의 불가능했던 일을 해낸 사람이다. 안데르센은 스스로 "늪"이라고 부른 오덴세 빈민가에서 태어나고 자랐지만 상류 사회에 들어갔다. 안데르센의 일기를 보면 공작 부부나 영주 부부, 심지어 왕과 왕비와도 같이 어울렸다는 말이 자주 나온다.

안데르센은 재치와 교양을 갖춘 유명한 사람이었지만, 좋은 집안에서 태어난 친구들과 동등하다고 느낀 적은 한 번도 없었다. 그 심정을 자서전에서 이렇게 표현했다.

"나는 왕의 망토를 걸친 가난한 농사꾼 집 아이 같다. 예전에도 그랬고, 지금도 그런 기분이다."

제3장: 무대 한가운데에 선 한스 크리스티안 안데르센

광대와 태양과 극장. 1865년 프리센보르 저택에서 프리센보르 백작 가족에게 만들어 준 작품.
개인 소장품

나무, 천사, 무용수와 함께 있는 피에로. 브레겐트베드 영지에서 만든 작품.
9cm x 13cm | 오덴세 한스 크리스티안 안데르센 박물관

안데르센은 곧잘 자신은 혼자이고, 외톨이라고 생각했다. 하지만 종이를 오리고 이야기를 들려주면서 사람들의 마음을 사로잡아 자신과 새로운 친구들 사이에 놓인 장벽을 허물어뜨릴 수 있었다. 이야기 들려주기와 종이 오리기, 이 두 가지는 안데르센이 누구보다 잘하는 일이었다.

안데르센은 자신의 외모가 볼품없으니 다른 장점이 있어야 한다고도 생각했다. 에드바르 콜린이 안데르센에게 편지를 보내 사람들 앞에서 낭독을 지나치게 많이 한다고 나무라자, 안데르센은 "외모로는 사람들 마음에 들 수 없으니 뭐든 내가 쓸 수 있는 수단을 쓰는 겁니다."라고 답장을 썼다. 비록 미남은 될 수 없지만, 사람들을 즐겁게 해 주며 호감을 살 수는 있었던 것이다.

이야기를 들려주며 종이를 오리면 듣는 사람들도 즐겁고 안데르센도 즐거웠다. 안데르센은 작가로 이름을 떨치게 되면서 자주 저녁 식사에 초대받았다. 밤마다 영주의 집이나 커다란 저택, 웅장한 성에 귀한 손님으로 초대되어 동화를 들려 달라는 부탁을 받았다.

안데르센은 잘 아는 집에 가면 곧장 아이들 방으로 가서 저녁을 먹기 전에 이야기를 몇 편 들려주기도 했다. 안데르센 전기를 쓴 어느 작가에 따르면 "안데르센은 아이들 방에 몇 시간씩 앉아서 동화를 들려주고 종이를 오려 그 유명한 인형들을 만들어 주었다."고 한다.

저녁을 먹고 나면 안데르센을 초대한 가족과 손님들이 이야기를 들려 달라고 부탁했다. 안데르센은 이야기를 들려주는 김에 새로운 동화를 짓거나 곧 출판할 동화를 다듬기도 했다. 하지만 사람들이 좋아하는 이야기는 몇 번이나 되풀이해서 들려주어야 했다. 그럴 때 종이를 오리며 이야기를 들려주면 지루하지 않았다.

황새와 무용수가 있는 나무. 1860년대에 화가 F. C. 룬의 아내 악셀리네 룬에게 만들어 준 작품.
11cm x 13cm | 오덴세 한스 크리스티안 안데르센 박물관

제4장

"여행은
곧 삶이다"

"To Travel Is to Live"

　안데르센은 한 친구에게 보낸 편지에 "나에게 여행은 곧 삶이다."라고 썼다. 그 시대에 가장 여행을 많이 다닌 사람으로 손꼽히는 안데르센은 종종 자신을 꺽다리 황새에 비유했다. 황새는 여행과 정처 없이 떠도는 생활을 상징한다. 황새들은 해마다 따뜻한 봄이면 지난해 머물던 덴마크 마을로 돌아와 굴뚝에 둥지를 틀고 지내다가, 가을이면 다시 아프리카로 떠났다. 마찬가지로 안데르센도 춥고 습기가 많은 덴마크의 겨울을 피하려고 주로 가을에 여행을 떠났다가 봄이 되면 다시 덴마크로 돌아오곤 했다. 안데르센은 종이 오리기 작품과 동화에 곧잘 황새를 등장시켰다.

　안데르센은 여행에 대해 이렇게 말했다.

Four: "To Travel Is to Live"

"오직 여행할 때만 삶이 풍요로워지고 생기가 돈다. 나는 보고 또 보아야 한다. 도시와 사람, 산과 바다를 마음속에 모조리 담는 것 말고는 아무것도 할 수가 없다."

낯선 곳을 보고 다른 문화를 경험하는 일은 안데르센의 창조성을 일깨워 글을 쓰고 종이 오리기 작품을 만드는 계기가 되었다. 어릴 때는 가끔 눈을 감고 세상을 외면하기도 했지만, 안데르센은 평생 예술가의 눈으로 주위를 둘러보았다.

안데르센은 처음 보는 낯선 풍경에서 종이 오리기를 떠올리기도 했다. 예컨대 영국 요크 시에서 거대한 대성당을 보았을 때가 그랬다. 성당에는 하늘 높이 솟은 아치와 촘촘히 장식된 뾰족탑이 있었다. 안데르센은 성당을 구경하고 나서 일기에 "오려 낸 그림처럼 장엄했다."고 썼다.

안데르센은 대부분 직접 본 것보다 상상한 것을 오렸지만, 가끔은 가위를 사진기처럼 사용해 기억하고 싶은 장면을 담아내기도 했다. 1833년 처음 이탈리아에 갔을 때도 그랬다. 그때는 아직 사진기가 발명되기 전이었다. 안데르센은 이탈리아 로마에서 세계적으로 이름난 덴마크 조각가 베르텔 토르발센을 만나 금세 친해졌다.

어느 날 안데르센은 프랑스 화가 오라스 베르네의 화실에 초대를 받았다. 안데르센은 베르네가 토르발센의 초상화를 그리는 것을 구경했다. 그러다 어느 틈에 여행용 가위와 종이를 꺼내 자신도 토르발센의 초상화를 오렸다.

안데르센의 종이 초상화는 얼핏 투박한 미완성 작품처럼 보이지만, 사실은 그렇지 않다. 베르네가 완성한 유화 초상화와 나란히 놓고 보면 안데르센의 작품에서도 토르발센이 깃 높은 셔츠를 입고 흉상 옆에 똑같은 자세로 서 있는 모습이 보인다.

이 종이 초상화는 한스 크리스티안 안데르센 박물관에서 안데르센의 이탈리아 여행을

제4장: "여행은 곧 삶이다"

왼쪽: 종이를 오려 만든 조각가 베르텔 토르발센의 초상화. 1833년 프랑스 화가 오라스 베르네의 로마 화실에서 만든 작품.
6cm x 7cm | 오덴세 한스 크리스티안 안데르센 박물관

오른쪽: 오라스 베르네가 그린 토르발센의 초상화. 1833년 로마, 캔버스에 유화.
76cm x 102cm | 코펜하겐 토르발센 박물관

주제로 전시회를 열었을 때 새로 발견된 것이다. 전시품 가운데 베르네가 그린 토르발센의 초상화도 있었는데, 마침 어느 덴마크인 가족이 종이 오리기 작품을 한 점 가지고 있다고 박물관에 연락했다. 박물관 학예사들은 안데르센이 베르네의 화실에서 오린 토르발센의 초상화를 알아보고, 1990년에 작품을 사들여 영구히 소장하기로 했다. 이런 식으로 안데르센의 종이 오리기 작품은 계속 새로 발견되고 있다.

안데르센은 여행하면서 종이 오리기의 또 다른 용도를 찾아냈다. 다른 나라에서 온 여

행객과 말이 통하지 않을 때 가위와 종이를 꺼내 의사소통을 한 것이다. 1841년 영국의 탐험가 윌리엄 에인즈워스가 그런 일화를 하나 기록해 두었다.

안데르센은 터키를 여행하다가 콘스탄티노플(지금의 이스탄불) 항구 건너편에 있는 어느 도시를 떠나기 하루 전날 나쁜 소식을 들었다. 그리고 그날 일기에 "오늘 카이로와 콘스탄티노플에서 편지가 왔는데, 전염병 때문에 날마다 사람이 2백 명씩 죽어 나간다고 한다."라고 썼다. 콜레라가 발생한 것이다. 콜레라는 아주 빠르게 전염되고 자칫하면 목숨을 잃을 수도 있는 병이다.

그 뒤 안데르센은 배를 타고 여러 나라를 돌아다니다가 헝가리 국경에서 발이 묶였다. 치명적인 콜레라균을 지니고 있을지도 모른다는 이유로 안데르센은 다른 여행객 수백 명과 함께 오르소바 수용소에 열흘 동안 격리되었다.

그때 안데르센과 한방을 쓴 에인즈워스는 안데르센이 "여행하면서 겪은 일들을 그림이나 종이 오리기로 표현해 수용소의 다른 사람들과 의사소통하는 재주가 있었다."고 기록했다. 안데르센의 종이 오리기 작품 중에 터키의 "빙글빙글 도는 데르비시"를 오린 것이 있다. 데르비시란 경건한 이슬람교 신도들을 말하는데, 통이 큰 치마를 입고 높은 모자를 쓰고서 넋을 잃은 듯 빙글빙글 도는 종교 의식으로 잘 알려져 있다. 에인즈워스는 안데르센이 오린 데르비시 작품에 깊이 감명받아 자기 책에 있는 데르비시 그림도 안데르센의 작품을 바탕으로 그렸다고 한다.

종이 오리기는 안데르센이 영국에 가서 찰스 디킨스의 집에 머무를 때도 의사소통에 도움을 주었다. 찰스 디킨스는 《올리버 트위스트》, 《위대한 유산》, 《크리스마스 캐럴》 같은 명작을 쓴 이름난 작가이다. 디킨스와 안데르센은 1847년 안데르센이 처음 영국에 왔

고리 위의 난쟁이와 발레리나. 1859년 뇌레 보스보르 저택에서 탕 가족에게 만들어 준 작품.
11cm x 21cm │ 오덴세 한스 크리스티안 안데르센 박물관

Four: "To Travel Is to Live"

을 때 만났다. 두 사람은 서로의 작품을 존경하며 꼬박 10년 동안 편지를 주고받았다. 그러다 1857년에 디킨스가 런던 교외의 집으로 안데르센을 초대했다.

안데르센과 디킨스는 서로 공통점이 많았지만, 언어의 장벽이 있었다. 디킨스는 덴마크어를 전혀 하지 못했고, 안데르센은 영어로 글을 쓸 수는 있어도 말은 잘하지 못했다. 안데르센이 최선을 다해 영어로 말하자 디킨스가 "차라리 덴마크어로 말하세요. 그러면 더 잘 알아들을 것 같군요." 하고 농담했을 정도다.

하지만 안데르센에게는 종이 오리기라는 의사소통 방법이 있었다. 디킨스의 집에서 머물던 둘째 날, 안데르센은 "저녁을 먹고 종이 오리기를 했는데, 아주 잘되었다."라고 일기에 썼다. 나중에 안데르센이 디킨스의 집에서 5주나 머물게 되면서 곤란한 일이 점점 많아지기는 했지만, 안데르센은 흥미진진한 종이 오리기로 디킨스 가족에게, 특히 아이들에게 감동을 주었다.

디킨스의 아들 헨리 디킨스는 당시 여덟 살이었다. 훗날 헨리는 그때 일을 회고록에 기록하며 자기 집에 묵었던 손님 안데르센을 "매력적이면서도 어쩐지 예사롭지 않고 기묘한 인물"이라고 표현했다. 헨리는 또 "안데르센에게는 한 가지 훌륭한 재주가 있었는데, 바로 종이 오리기였다. 안데르센은 평범한 가위로 마치 자신이 쓴 책 속에서 걸어 나온 듯한 정령이나 요정, 난쟁이, 날개 달린 작은 요정, 갖가지 동물 같은 귀여운 인형을 만들었다. 그 모양이며 솜씨가 어찌나 세련되고 섬세한지 참 보기 좋았다."고 썼다.

찰스 디킨스도 훗날 친구에게 보낸 편지에 안데르센이 손님으로 있을 때 "종이로 온갖 무늬를 오려 냈다."고 썼다. 그러면서 안데르센이 런던에서 승합 마차를 탈 때 강도를 만날까 봐 걱정했다는 이야기도 덧붙였다. 안데르센은 돈과 시계 같은 몇 가지 물건을 안전하게 신발 속에 숨기고 다녔는데, 심지어 가위도 넣고 다녔다고 한다. 안데르센은 정말 어디를 가나 가위를 가지고 다닌 듯하다.

안데르센은 코펜하겐으로 돌아오면 이따금 여행의 추억을 더듬어 종이를 오리곤 했다. 커다란 범선 갈라테아호가 콘스탄티노플 항구에 평화로이 정박해 있는 풍경도 그렇게 만든 작품이다. 갈라테아호의 덴마크인 선장 스텐 빌레는 1845년에서 1847년까지 갈라테아호로 세계를 한 바퀴 돌고는 1851년에 그 모험담을 책으로 펴냈다.

안데르센은 빌레 선장을 직접 만난 적도 있고, 선장이 쓴 책에도 크게 감명받았다. 그래서 터키에 다녀온 경험을 되살려 종이 오리기 작품을 만들었다.

범선 갈라테아호.
선장 스텐 빌레에게 만들어 준 작품.
5cm x 4cm |
코펜하겐 왕립 도서관, 포르트만 컬렉션

안데르센은 터키에 머무를 때 이런 글을 썼다.

"콘스탄티노플 뒤쪽의 산들은 맑고 따뜻한 햇볕 속에서 눈을 이고 있었다. … 마르마라 바다는 유리 같았다. … 돛을 활짝 펼치고 정박한 배들은 물 위에 거꾸로 비친 백조 같았다. 작은 배들은 물살을 가로지르는 검은 뱀처럼 미끄러지듯 나아갔다."

안데르센은 갈라테아호를 오린 작품에서도 잔잔한 바다에 떠 있는 배와 낯선 나라의 아름다운 도시 풍경으로, 같은 분위기를 담아냈다. 늘 그렇듯 여행은 안데르센의 예술에 신선한 자극을 불어넣었다.

제5장

종이 오리기 좋은 집

The Good
"Cutting-out Places"

　안데르센은 아이들을 사랑하고 아이들과 함께 있는 것을 좋아했지만, 결혼은 하지 않았고 아이도 없었다. 심지어 집도 없었다. 덴마크나 유럽을 여행하지 않을 때도 코펜하겐 여기저기를 옮겨 다니며 하숙하거나 호텔에서 지냈다. 시골에 사는 친구들에게 초대받아 몇 주나 몇 달씩 친구 집에서 묵기도 했다. 안데르센은 친구들의 생활을 부러워했고, 친구의 아이들과 지내는 것을 좋아했다.
　안데르센은 여행을 무척 좋아하면서도 가끔은 집처럼 편안한 곳에서 지내고 싶어 했다. 안데르센의 자서전을 보면 이런 말이 나온다.
　"아무리 세상을 떠도는 사람이라도 나이가 들면 어딘가 한곳에 진짜 집이 있어야 한다.

Five: The Good "Cutting-out Places"

무용수를 들고 있는 풍차 인간.
에드바르 콜린의 딸 루이세 드레우센에게
만들어 준 작품.
8cm x 11cm
오덴세 한스 크리스티안 안데르센 박물관

하물며 철새도 변치 않는 한 장소가 있어 그곳으로 길을 재촉한다. 나에게 그런 곳은 예나 지금이나 내 친구 콜린의 집이다."

안데르센이 사립 문법학교에 다닐 수 있도록 장학금을 마련해 준 요나스 콜린은 코펜하겐의 집을 안데르센에게 언제나 활짝 열어 두었다. 콜린은 안데르센에게 아버지나 다름없었고, 안데르센은 학교를 졸업한 뒤에도 여전히 콜린에게 돈이나 일, 개인 문제로 조언

제5장: 종이 오리기 좋은 집

해바라기 인간.
1848년 덴마크 소뢰 마을에서
요한 마르틴 크리스티안 랑에게
만들어 준 작품.
14cm x 22cm |
코펜하겐 왕립 도서관, 포르트만 컬렉션

을 구했다. 안데르센은 콜린을 "약속한 것보다 더 많은 일을 해 주는 사람"이라고 말했다.

요나스 콜린과 콜린 부인, 다섯 명의 자녀들은 안데르센을 가족처럼 대했다. 안데르센은 콜린 가족과 자신의 관계를 이렇게 설명했다.

"나는 아들 대우를 받으면서 콜린의 자녀들과 함께 자라다시피 하며 그 집의 가족이 되었다. … 나는 그보다 더 좋은 가정을 알지 못한다."

Five: The Good "Cutting-out Places"

　세월이 흘러 안데르센은 요나스 콜린의 손자들과 증손자들에게 삼촌 같은 사람이 되었고, 콜린의 집은 안데르센에게 종이 오리기 좋은 집이 되었다. 안데르센은 유난히 종이 오리기를 하고 싶어지는 집을 "종이 오리는 집"이라고 불렀다.

　요나스 콜린의 증손녀 리모르 벤딕스는 이런 글을 남겼다.

　"안데르센은 틈만 나면 우리를 즐겁게 해 주었다. 동화를 읽어 주고, 극장에도 데려가고. … 그중에서도 우리는 안데르센이 오려 준 종이 인형을 가장 좋아했다. 안데르센은 그렇게 오린 종이 인형을 스크랩북에 붙여 주곤 했다."

　안데르센은 열세 권의 스크랩북을 만들어 애지중지하던 아이들에게 주었다. 스크랩북을 받은 아이들은 주로 콜린 집안의 아이들이었다. 스크랩북에는 안데르센이 직접 오린 종이가 붙어 있었는데, 대개는 밝은 색깔의 종이를 오린 것이었다. 또 잡지나 광고지, 인쇄물, 엽서, 포장지에서 오려 낸 그림도 붙어 있었다.

　안데르센의 스크랩북은 특별했다. 19세기 덴마크에는 어린이가 보는 그림책이 드물었고, 색깔 있는 그림책은 더욱 드물었기 때문이다. 농부들의 집에 있는 책이라고는 성서와 성가집, 설교집 정도가 고작이었다. 심지어 부잣집에도 어린이가 재미있게 볼 만한 책은 없었다. 그 시절에는 어린이책이 어린이들에게 예의범절과 올바르게 사는 법을 가르치는 책이어야 했다.

　안데르센의 스크랩북이 그토록 훌륭한 이유는 순전히 재미로 보는 책이었기 때문이다. 안데르센은 스크랩북에 알록달록한 종이 오리기 작품과 그림을 붙이고 짤막한 시를 써넣었다. 그중에는 종이 오리기를 노래한 시도 있었다. 안데르센이 콜린의 또 다른 증손녀 아스트리드 스탐페에게 만들어 준 스크랩북에는 이런 시가 실려 있다.

제5장: 종이 오리기 좋은 집

안데르센이 오린 종이에는
안데르센이 쓴 시가 보여요!
심심풀이 잡동사니 보물들,
모두 가위로 오렸지요.

발트 해(*덴마크의 서쪽 바다) 근처에 있는 홀스타인보르 성도 종이 오리기 좋은 집이었다. 안데르센은 이곳을 "숲으로 둘러싸인 아늑한 옛 성"이라고 말했다. 성의 주인 미미 폰 홀스타인 백작 부인은 어릴 때부터 안데르센을 알고 지냈다. 백작 부인은 안데르센을 끔

짝지어 춤추는 네 사람. 1848년~1849년 화가 옌스 아돌프 예리샤우의 아이들에게 만들어 준 작품.
18cm x 10cm | 오덴세 한스 크리스티안 안데르센 박물관

Five: The Good "Cutting-out Places"

찍이 위했다. 겨울이면 따뜻하게 덥힌 마차를 집 앞까지 보내 안데르센을 데려오고, 성에서 가장 좋은 손님방을 내주곤 했다. 그 보답으로 안데르센은 성에 머무는 손님들과 특히 백작 부인의 두 아이에게 자주 종이를 오려 주었다.

홀스타인 백작 부인의 딸 보딜 폰 도네르 남작 부인은 훗날 안데르센과 종이 오리기에 대해 이런 글을 썼다.

"어릴 때 안데르센이 흰 종이로 줄줄이 이어진 조그마한 인형들을 만들어 주면 무척 즐거웠다. 탁자 위에 세워 놓고 입으로 후 불면 인형들이 앞으로 움직였다."

종이 인형은 무도회장에서 춤을 추듯 스르르 움직였다. 어머니인 홀스타인 백작 부인은 이따금 안데르센이 오린 종이 작품을 등갓에 붙여 주기도 했다. 밝은 빛이 비치면 종이 무늬가 더욱 아름답게 보였다.

1874년 봄, 홀스타인보르 성에 머물던 안데르센은 지역 목사의 딸로 마침 성에서 며칠 묵고 있던 엘리사베트 묄러를 알게 되었다. 어느 날 저녁을 먹기 전에 안데르센은 손수 엮은 꽃다발을 엘리사베트에게 선물했다. 그리고는 꽃줄기가 벌어지지 않도록 꽃다발 중간쯤에 종이 띠를 둘러야겠다고 생각했다. 엘리사베트는 그때 안데르센이 "주머니에서 가위와 종이를 꺼내 내가 보는 앞에서 종이를 오렸다."고 했다. 걸핏하면 종이 오릴 생각을 하는 사람이 아니고서야 누가 주머니 속에 가위와 종이를 넣어 다닐까?

안데르센은 어른들에게도 종이를 오려 주었지만, 종이 오리기 작품은 대부분 아이들에게 주었다. 이따금 부모나 어른들이 안데르센의 솜씨에 반한 나머지 작품을 고이 간직하려고 뺏어 가기도 했다.

안데르센이 쓴 스웨덴 여행기에 이런 일화가 있다. 안데르센이 여관에 도착하자마자

제5장: 종이 오리기 좋은 집

꽃다발에 두르는 띠와 무용수가 달린 나비. 꽃다발 띠에는 덴마크어로 "1874년 홀스타인보르에서 H. C. 안데르센 오림. 꽃다발과 함께 엘리사베트 묄러에게 주는 선물"이라고 쓰여 있다. 나비는 꽃다발을 장식하는 데 쓰였을 것이다.
띠와 나비를 합쳐서 13cm x 11cm | 코펜하겐 왕립 도서관, H. 로게 페테르센 컬렉션

여관 주인의 손녀가 안데르센의 방을 찾아왔다. 안데르센은 "종이를 쓱쓱 오려 뾰족탑이 솟아 있고 창문이 열려 있는 터키의 이슬람 사원을 만들어 아이에게 주었다."고 한다. 얼마 지나지 않아 밖에서 소란스러운 목소리가 들려 살며시 발코니로 나가 보니, 이런 광경이 펼쳐져 있었다고 한다.

"할머니가 뜰에서 내가 오린 종이를 들고 싱글벙글 웃고 있었다. 많은 사람들이 … 둘러서서 너나없이 내 작품에 열광하고 있었고, 그 귀여운 어린아이는 앙앙 울면서 엄연히 자기 것인데도 너무 좋다는 이유로 할머니가 가져가 버린 종이를 돌려 달라고 손을 내밀고 있었다."

종이 오리기는 단지 사람들을 즐겁게 해 주기 위한 것만은 아니었다. 종이 오리기 작품은 후한 대접을 베풀어 준 사람들에게 안데르센이 주는 감사의 선물이기도 했다. 이야기를 들려주는 것도 일종의 선물이었지만, 형체가 있는 종이 오리기 작품은 집주인과 손님들에게 호의의 표시로 남기고 갈 수 있었다. 사람들은 안데르센이 오린 작품을 소중히 여겼다. 유명한 작가가 만든 것인 데다 세상에 둘도 없는 것이었으니 말이다. 안데르센은 종이 오리기를 할 때 비슷한 소재를 자주 쓰기는 했어도 똑같은 작품을 만든 적은 단 한 번도 없었다.

안데르센은 종이 오리기로 또 다른 문제도 해결했다. 친구들과 친구 아이들의 생일이나 크리스마스 때 종이 오리기 작품을 선물로 준 것이다. 안데르센은 돈을 쓸 때는 아낌없이 썼지만, 평소에는 돈 걱정이 많았다. 안데르센의 여행 일기를 보면 마차 삯으로 얼마를 냈느니, 하인한테 수고비로 얼마를 주었느니, 꽃을 얼마에 샀느니 하는 말이 자주 나온다. 안데르센은 돈을 많이 벌었고 해마다 덴마크 국왕에게 연금도 받았지만, 나이가 들어 다시 가난해질까 봐 걱정했다.

종이 오리기 작품은 선물로 안성맞춤이었다. 안데르센은 주로 글을 적는 얇고 흰 종이를 오렸지만, 어떤 종이든 가리지 않았다. 종이 오리기 작품은 만드는 데 돈이 거의 들지 않으면서도 친구들이 소중히 여기는 선물이었다. 안데르센은 돈으로는 무엇이든 살 수 있던 부유한 친구들에게 돈으로도 살 수 없는 선물을 준 것이다.

안데르센은 특별한 쓰임새가 있는 종이 작품을 선물하기도 했다. 서표나 갖가지 색깔의 크리스마스트리 장식물, 꽃다발에 두르는 띠 같은 것들이었다. 심지어 쿠키 반죽을 자르는 도안을 만들기도 했다. 그 시절에는 쿠키 틀이 없으면 반죽 위에 종이 도안을 올려놓고 가장자리를 따라 반죽을 도려내곤 했다. 그래도 안데르센이 오린 종이는 대부분 장식품이나 장난감으로 쓰였다.

안데르센이 마리 스텐부크에게 오려 준 아름다운 작품은 생일 선물로 준 종이 오리기 작품 가운데 가장 멋진 것으로 손꼽힌다. 마리는 홀스타인보르 성 근처에 사는 의사의 딸이었다. 안데르센이 1874년 5월에서 6월 사이 홀스타인보르 성에서 머물 때, 성의 주인이 스텐부크 가족을 저녁 식사에 초대해 마리의 네 번째 생일을 축하해 주었다. 그때 안데르센은 마리에게 레이스처럼 예쁜 종이 오리기 작품을 만들어 주었다.

안데르센은 그해 4월 예순아홉 살 생일을 맞은 데다, 그 무렵에는 1년 뒤 자신의 목숨을 앗아 갈 간암으로 고통받고 있었다. 그런데도 놀랄 만한 끈기와 인내심으로 그토록 섬세하고 복잡한 종이 오리기 작품을 만든 것이다. 안데르센은 사람들을 즐겁게 해 주기 위해서라면, 특히 아이들을 즐겁게 해 주기 위해서라면 언제나 수고를 아끼지 않았다.

꽃과 "마리". 1874년 홀스타인보르에서 마리 스텐부크의 네 번째 생일 선물로 만든 작품.
17cm x 13cm | 코펜하겐 왕립 도서관, H. 로게 페테르센 컬렉션

제6장

종이 오리기 예술

The Art of Paper Cutting

    종이 오리기는 결코 쉽지 않지만, 안데르센은 언제나 손쉽게 종이를 오리는 것 같았다. 리모르 벤딕스는 대부 안데르센이 종이 오리는 모습을 이렇게 묘사했다.

    "안데르센은 딱히 힘든 기색도 없이 아주 멋진 인형들을 술술 오렸는데, 어떻게 그런 표현을 하는지 늘 놀라웠다. 밑그림도 그리지 않았다. 그냥 앉아서 이야기하며 종이를 접은 다음, 아무것도 보지 않고 흥겹게 종이를 오려 나가다 보면 어느새 머릿속으로 생각한 것들이 나타났다."

    안데르센은 일상에서 쓰는 구어체로 글을 써서 동화의 새로운 장을 열었듯이, 종이 오리기에서도 당시의 형식을 무시하고 친근하면서도 강렬한 자신만의 형식을 만들어 냈다.

Six: The Art of Paper Cutting

안데르센의 종이 오리기 작품은 섬세하고 복잡할 때도 있고 투박하고 단순할 때도 있지만, 어느 쪽이든 18, 19세기 유럽에서 유행하던 전형적인 실루엣, 또는 "윤곽선" 오리기와는 크게 달랐다.

종이 오리기는 역사 깊은 예술이다. 서기 2백 년 전에 종이를 발명한 중국에서 시작되어 거의 2천 년 가까이 이어져 내려왔고, 중국, 독일, 폴란드, 멕시코 같은 나라에서 여전히 인기가 있다. 하지만 안데르센 시대의 유럽 사람들은 중국식 종이 오리기를 몰랐다. 유럽의 종이 오리기는 고대 그리스의 실루엣을 모방한 것인데, 그리스 실루엣은 종이를 오린 것이 아니라 그림자처럼 검게 그린 그림이다.

사람들이 종이 오리기를 부담 없이 즐기게 된 것은 1760년 영국에서 산업 혁명이 일어난 뒤부터였다. 커다란 기계를 갖춘 공장이 생겨나면서 예전에는 사람 손으로 만들던 물건을 더 빨리 만들 수 있게 되었다. 종이와 가위도 공장에서 만들어지기 전에는 비싼 물건이었다. 도구의 값이 내리자 곧바로 실루엣 오리기가 유럽에 유행처럼 번졌다.

덕분에 화가에게 초상화를 주문할 만큼 형편이 넉넉하지 않은 사람들도 초상 실루엣을 만들어 가족과 자손들에게 자신의 모습을 남길 수 있었다. 실루엣 기법이 어찌나 인기를 끌었는지 초상화를 그릴 형편이 되는 사람들도 실루엣을 만들었다. 실루엣은 1860년대까지 인기가 있었지만, 그 뒤로는 사진기가 널리 퍼지면서 초상 사진이 유행하게 되었다.

안데르센의 종이 오리기는 실루엣과 많이 달랐다. 실루엣 화가들은 검은 종이를 썼지만, 안데르센은 검은 종이를 한 번도 쓰지 않았다. 가끔 색종이를 쓰기는 했어도 대체로 흰 종이를 많이 썼다. 또 실루엣 화가들은 종이를 오리기 전에 보통 밑그림을 그렸지만, 안데르센은 밑그림을 그리지 않았다. 리모르 벤딕스가 보았듯 안데르센은 종이를 접은

제6장: 종이 오리기 예술

한스 크리스티안 안데르센과 스웨덴의 오페라 가수 에니 린드를 묘사한 전통적인 실루엣. 검은 종이들 오려 만든 작품. 만든 사람 모름. | 뉴욕 역사 학회

다음 곧바로 오렸다. 안데르센의 종이 오리기 작품 가운데 연필이나 펜 자국이 남아 있는 것은 단 한 점도 없다. 아무리 복잡한 작품도 말이다.

또 하나 중요한 차이점은 전통 실루엣 화가들은 늘 사람의 옆모습을 실물에 가깝게 묘사했지만, 안데르센은 주로 상상 속의 인물이 정면을 바라보는 모습을 오렸다는 것이다. 안데르센은 때때로 코가 긴 남자(아마도 안데르센 자신)나 마녀의 옆모습을 오리긴 했지만, 대개는 인물의 앞모습을 오렸다.

마지막 차이점은 전통 실루엣 화가들은 차분하고 진지한 초상화를 오렸지만, 안데르센은 진지함과는 거리가 먼 작품을 만들었다는 점이다. 익살스럽고, 환상적이고, 재미있고, 때로는 슬프거나 무섭기도 한 안데르센의 작품에는 언제나 생기와 활력이 가득했다.

안데르센은 관습에 얽매이지 않고 독창적인 방식으로 종이를 오렸고, 때때로 새로운 재료를 시험해 보기도 했다. 신문 편집자의 딸인 루이세 크루세에게 종이를 오려 줄 때는 루이세의 아버지가 편집하는 신문 《쾨벤하운스포스텐》에서 재미있는 기사를 찾아보았다. 그러다 브라질에 관한 기사가 보이자, 그 기사가 실린 쪽을 오려 사람 모양을 만들었다. 브라질 사람의 모습을 상상한 것인데, 모자챙 한가운데에 "브라질 사람(Brazilien)"이라는 글자가 오게 했다.

안데르센은 음악회 책자도 오리고, 낡은 편지도 오리고, 원고지도 오리고, 심지어 고무나무 잎도 오렸다.

종이 오리기 작품을 자세히 들여다보면, 안데르센이 어떤 기법을 썼는지 알 수 있다. 금이 간 곳은 종이를 접은 곳이다. 따라서 금이 하나도 없는 작품은 종이를 접지 않고 만든 것이다. 몇몇 작품은 이처럼 종이를 접지 않는 "한 겹 오리기" 기법으로 만든 것이다. 백조나 춤추는 광대, 황새는 모두 한 겹 오리기 작품이다.

안데르센은 "두 겹 오리기" 기법을 가장 많이 썼다. 종이를 반으로 접어서 오리면 접은 선을 중심으로 좌우가 뒤바뀐 똑같은 모양이 생긴다. 이러한 한 번 접기 기법으로는 얼굴

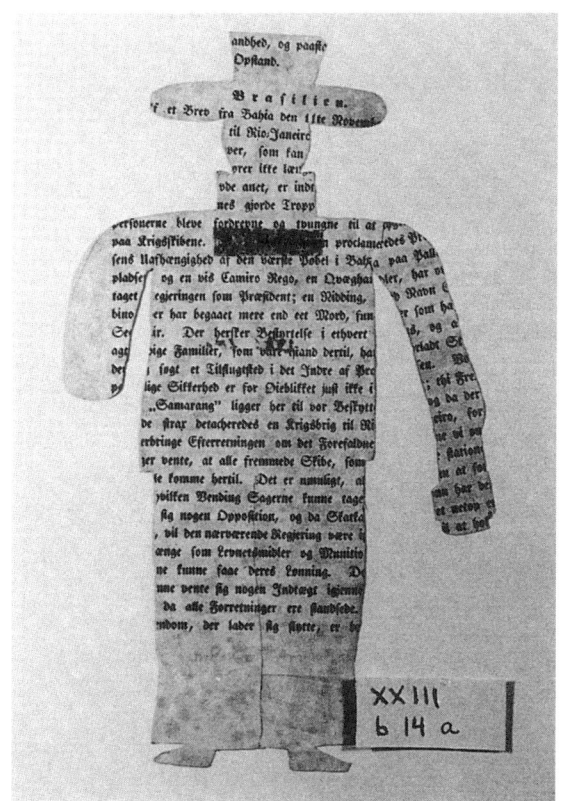 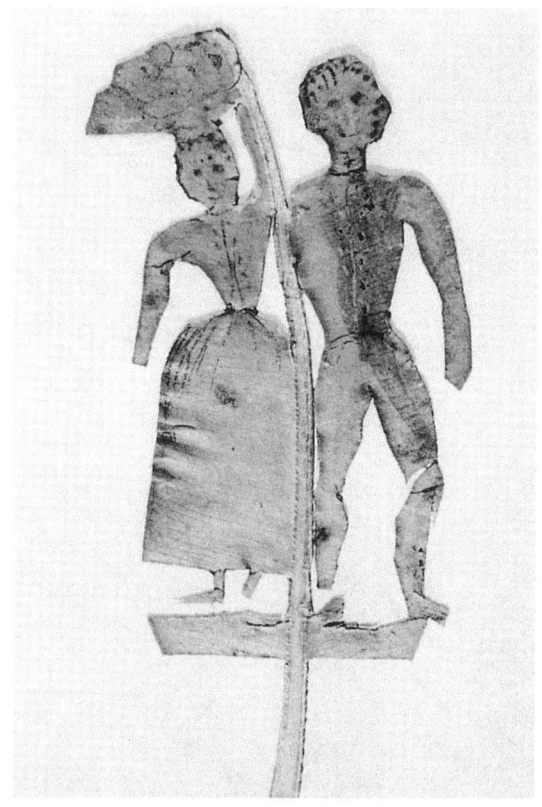

왼쪽: 신문으로 만든 "브라질 사람". 1830년 코펜하겐에서 루이세 크루세에게 만들어 준 작품. 신문을 오린 것.
12cm x 19cm | 오덴세 한스 크리스티안 안데르센 박물관

오른쪽: 남자와 여자. 멜키오르 가족에게 만들어 준 작품. 고무나무 잎을 오린 것.
8cm x 17cm | 오덴세 한스 크리스티안 안데르센 박물관

이나 사람, 극장 무대, 중간에 문이 달린 건물, 짝지어 춤추는 아이들이 줄줄이 이어진 모양 등을 만들 수 있다.

    때때로 안데르센은 종이를 두 번 접어서 한가운데를 중심으로 네 개의 작은 부분으로 나뉘는 작품을 만들기도 했다. 이렇게 종이를 두 번 접어 오릴 때는 네 부분을 모두 똑같이 만들기도 했지만, 대개는 한 번 접어 오린 다음 다시 다른 방향으로 접어 오리는 식으

Six: The Art of Paper Cutting

무용수와 피에로와 잠의 요정들.
두 번 접기 기법의 예. 요나스 콜린의 딸
잉에보르 드레우센에게 만들어 준 작품.
14cm x 21cm |
오덴세 한스 크리스티안 안데르센 박물관

로 부분마다 모양을 다르게 했다.

 안데르센은 이 두 번 접기 기법으로 규모가 크고 아름다운 작품을 곧잘 만들었다. 그중에는 환상적인 모양이 가득해 안데르센이 "한 편의 동화"라고 부른 작품도 있다.

 완성하지 못한 큰 작품을 하나 살펴보면, 안데르센이 규모가 큰 작품을 어떻게 만들었

제6장: 종이 오리기 예술

완성하지 못한 큰 작품.
34cm x 43cm |
오덴세 한스 크리스티안 안데르센 박물관

는지 알 수 있다. 작품 한가운데의 무늬 오른쪽에 작게 찢어진 곳이 있다. 아마도 가장 복잡한 부분을 오릴 때 종이가 찢어진 듯하다. 가장 어려운 부분부터 오리는 것은 종이 오리기에서 흔히 쓰는 기법이다. 여기저기 구멍이 뚫려 힘이 없는 종이보다 빳빳한 새 종이를 오리기가 쉽기 때문이다. 또 종이 오리기를 할 때는 대개 가장 어려운 부분에서 실수하므로, 실수할 가능성이 큰 부분부터 만드는 편이 시간과 노력을 절약할 수 있다.

두 번 접기 기법으로 만든 또 하나의 큰 작품은 안데르센이 친구 도로테아 멜키오르에게 만들어 준 것이다. 이 작품에는 안데르센이 즐겨 쓴 소재가 거의 다 들어 있다. 천사, 발레리나, 하트 모양 창문이 달린 풍차 인간, 잠의 요정, 빵 굽는 사람, 백조도 있다.

덴마크의 부유한 상인 집안이던 멜키오르 가족은 노인이 된 안데르센과 좋은 친구로 지냈다. 멜키오르 가족은 코펜하겐 시내에 집이 있고 시골에도 별장이 있었는데, 시골 별장은 안데르센에게 종이 오리기 좋은 집이었다. 안데르센이 인생의 마지막 몇 달을 보내는 동안 옆에서 보살펴 줄 사람이 필요할 때도 멜키오르 부인과 하인이 시골 별장에서 안데르센을 간호해 주었다. 안데르센은 그 시골 별장에서 1875년 8월 4일, 일흔 살의 나이로 세상을 떠났다.

세상을 떠나기 1년 전, 안데르센은 마지막으로 커다란 종이 오리기 작품을 만들어 멜키오르 부인에게 선물했다. 지금껏 알려진 바로 해골이나 찡그린 데스마스크(*죽은 사람을 기억하려고 얼굴을 본떠 만든 기념물) 같은 으스스한 모양은 오직 이 작품에만 등장한다. 이 작품은 이 무렵 안데르센의 건강이 나빠졌고, 안데르센이 자신의 죽음을 예감하고 있었다는 사실을 말해 준다. 작품 한가운데에 십자가도 보이는데, 안데르센은 신앙심이 깊었지만 종이 오리기 작품에서 십자가를 오린 적은 거의 없었다.

한 종이 오리기 전문가의 말에 따르면 종이 오리기에서 가장 중요한 요소는 형식이나 낱낱의 모양이 아니라 전체적인 짜임새와 적절한 배치라고 한다. 안데르센은 종이 오리기를 배운 적도 없고 밑그림도 없이 종이를 오렸지만, 균형이 잘 잡히고 짜임새가 좋은 작품을 만들었다. 안데르센은 그야말로 대단한 재능과 독창성을 지닌 예술가였다.

안데르센이 마지막으로 만든 큰 작품.
1874년 멜키오르 가족의 시골 별장
롤리헤드에서 도로테아 멜키오르에게
만들어 준 것.
27cm x 43cm |
오덴세 한스 크리스티안 안데르센 박물관

물건이 놓인 쟁반을 이고 있는 피에로. 바스네스 저택 근처의 중세 성 보레뷔에서 카르스텐솔 가족에게 만들어 준 작품.
13cm x 13cm | 오덴세 한스 크리스티안 안데르센 박물관

맺는말

과감히
다르게

Daring to Be Different

　안데르센의 유명한 종이 오리기 작품 가운데 쟁반을 이고 있는 피에로 모양의 작품이 있다. 작은 조각상을 파는 노점 상인을 표현한 작품이라고도 하고, 쟁반에 놓인 다섯 가지가 안데르센의 삶과 관련 있는 장소나 사물을 나타내는 것이라고도 한다.

　맨 왼쪽에 있는 집은 안데르센이 태어난 집과 비슷하다. 그 옆의 건물은 안데르센이 다닌 슬라겔세의 문법학교를 닮았다. 한가운데 풍차는 당시 덴마크 시골에서 흔히 보이던 밀을 빻는 방앗간을 똑 닮았다. 풍차 오른쪽에는 높다란 교회 뾰족탑이 있는데, 안데르센이 열네 살 때 견신례(*기독교에서 세례를 받은 신자가 더욱 믿음을 굳건히 하는 의식으로, 일종의 성인식 같은 역할을 했다)를 받은 오덴세의 성 크누드 교회일 수도 있다.

Conclusion: Daring to Be Different

마지막으로 맨 오른쪽에 백조가 있다. 안데르센이 쓴 《못생긴 새끼 오리》는 안데르센 자신의 이야기인지도 모른다. 안데르센은 커다란 코와 작은 눈, 키만 껑충하고 빼빼 마른 몸 때문에 평생 자신을 못생겼다고 생각했다. 못생긴 새끼 오리가 다른 오리들과 어울리지 못했듯, 안데르센도 어린 시절 좀처럼 다른 아이들과 섞이지 못했다. 하지만 새끼 오리가 자라서 자신이 백조라는 것을 알게 되듯, 안데르센도 특이한 외모와 남다른 흥미를 지닌 자신이 사실은 재치 있고 똑똑하며 매력적인 사람이라는 것을 알게 되었다. 백조는 안데르센이 작품 속에서 즐겨 쓴 상징이었다.

작가 한스 크리스티안 안데르센은 새로운 형식의 동화를 창조했다. 당시 작가들은 어린이가 읽을 글조차 장황한 문체로 썼지만, 안데르센은 달랐다. 안데르센은 어떤 작가도 책에서는 감히 쓰지 못한 대화체로 동화를 썼다.

마찬가지로 예술가 안데르센도 새로운 형식을 만들어 냈다. 생생하고 극적이고 독창적인 안데르센의 동화처럼, 안데르센의 종이 오리기도 전통을 깨뜨렸다. 안데르센은 먼 옛날부터 내려온 예술을 새롭게 바라보았다. 그렇게 탄생한 익살스럽고 매력적인 안데르센의 종이 오리기 작품은 어른, 아이 할 것 없이 모든 사람을 사로잡았다.

우리가 잘 아는 한스 크리스티안 안데르센에게는 우리가 잘 모르는 재능이 있었다. 안데르센은 유쾌한 종이 오리기 작품을 만들어 자신이 뛰어난 작가일 뿐 아니라 뛰어난 예술가이기도 하다는 사실을 스스로 증명했다. 안데르센은 동화는 물론 종이 오리기로도 자기 자신을 드러내고 마음속 상상의 세계를 표현했다. 안데르센은 펜으로도 가위로도 과감히 다른 길을 갔고, 그렇게 탄생한 안데르센의 작품들은 100여 년 전에도 오늘날에도 변함없이 사람들에게 즐거움을 주고 있다.

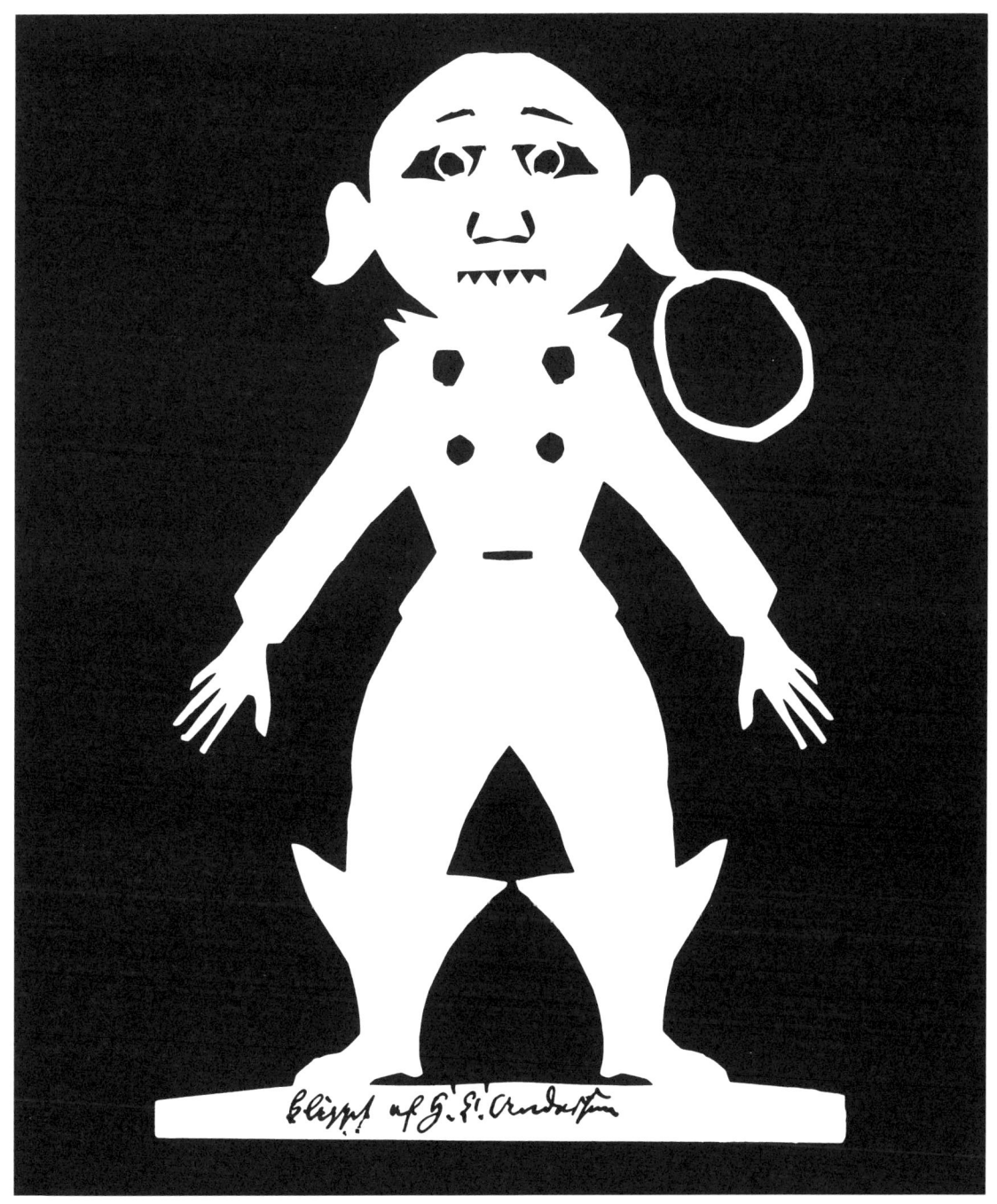

고리 모양 귀고리를 하고 장화를 신고 있는 사람.(원래는 귀고리가 두 개였지만 손상됐다.)
13cm x 21cm | 오덴세 한스 크리스티안 안데르센 박물관

옮긴이의 말
Translator's Note

　19세기 덴마크의 어느 저택 응접실. 저녁을 먹은 사람들이 옹기종기 둘러앉아 한 남자를 주목하고 있다. 키가 껑충하고 빼빼 마른 남자는 흥미진진한 이야기를 들려주면서 쉴 새 없이 손을 움직인다. 사람들은 남자의 이야기에 흠뻑 빠져들면서 눈으로는 남자의 손에 들린 가위가 거침없이 종이를 오리는 모습을 홀린 듯이 바라본다. 마침내 이야기가 끝나고 남자가 오린 종이를 펼쳐 보여 주자, 사람들의 입에서 탄성이 흘러나온다. 눈과 귀를 동시에 사로잡는 이야기 솜씨와 종이 오리기 솜씨로 사람들을 매혹하는 이 남자는 누구일까? 바로 아름다운 동화로 오늘날까지 전 세계 사람들에게 사랑받는 한스 크리스티안 안데르센이다.

　이 책 《종이 오리는 이야기꾼 한스 크리스티안 안데르센》을 읽다 보면 위와 같은 광경이 머릿속으로 몇 번이나 그려진다. 오늘날 동화의 대명사로 통하는 그 유명한 안데르센이 동화 구연자처럼 사람들을 모아 놓고 재미난 이야기를 풀어 놓는 그야말로 '이야기꾼'이었다니! 게다가 말솜씨뿐만 아니라 손재주까지 남달랐다니! '동화의 임금', '백조가 된 오리' 같은 수식어로만 안데르센을 알고 있을 많은 독자들에게 안데르센의 이런 모습은 신선하게 다가온다. 이 책의 저자는 우리가 잘 모르는 안데르센의 또 다른 면모, 즉 이야기꾼과 종이 오리기 예술가라는 측면에 주목해 안데르센이 자신이 쓴 동화만큼이나 매력적이고 흥미로운 사람이라는 것을 보여 준다.

저자 베스 와그너 브러스트에 따르면 이야기 들려주기와 종이 오리기는 안데르센에게 든든한 무기 같은 것이었다. 덴마크 오덴세의 빈민가에서 태어난 안데르센은 제대로 된 교육도 받지 못했고 남다른 외모와 성격 때문에 친구도 없었지만, 길거리에서 노래하기를 즐길 만큼 사람들에게 주목받기를 좋아했다. 열네 살 어린 나이에 고향을 떠난 것도 왕립 극장의 배우가 되기 위해서였다. 결국 배우 대신 작가로 성공했지만, 마음 한편에는 늘 이루지 못한 꿈이 자리하고 있었다. 게다가 스스로 노력해서 상류 사회에 들어가기는 했어도 애초에 귀한 집 자식으로 태어난 친구들과는 완전히 같아질 수 없다는 생각에 늘 "왕의 망토를 걸친 가난한 농사꾼 집 아이" 같은 기분을 느껴야 했다. 그래서 안데르센은 인기 작가가 된 뒤에도 끊임없이 사람들의 인정과 찬사를 갈구했다. 그런 안데르센이 사람들 앞에서 자신만의 독보적인 재능을 펼쳐 보일 때면 누구도 함부로 대할 수 없는 당당한 주인공이 된 듯한 기분을 느꼈을 것이다.

현대의 독자들은 안데르센의 목소리를 들을 수는 없어도 그가 남긴 동화를 통해 글로나마 그 이야기 솜씨를 맛볼 수 있다. 또 지금까지 보존되어 있는 250여 점의 종이 오리기 작품을 통해 안데르센의 놀라운 재능과 상상력을 엿볼 수 있다. 이 책에도 안데르센의 대표적인 종이 오리기 작품들이 실려 있는데, 이토록 정교하고 화려한 모양을 밑그림도 없이 가위 하나로 쓱쓱 오려 냈다니 감탄을 금할 수가 없다. 게다가 안데르센의 작품은 단순히 기교만 뛰어난 것이 아니라 예술성까지 갖추고 있다. 브러스트가 설명하듯 안데르센의 종이 오리기 작품은 균형미와 짜임새가 훌륭하고, 당시 유럽에 유행하던 종이 오리기 양식인 실루엣과는 완전히 구별되는 새로운 예술이었다. 초상화 대용으로 썼을 만큼 사실적이고 근엄한 실루엣과 달리 안데르센의 작품은 유쾌하고 기묘한 환상의 세계를 표현했고, 실용적인 목적보다는 대부분이 아이들 장난감이나 장식품으로 만들어진, 순수하게 보고 즐기기 위한 것이었다.

브러스트는 이러한 파격과 독창성이 안데르센의 동화와 닮았다고 설명한다. 안데르센은 엄숙한 문어체를 버리고 사람들이 일상에서 쓰는 구어체로 글을 썼고, 어린이가 읽을 글은 어린이를 훈육하는 글이어야 한다는 당시 관념과 다르게 어린이가 즐겁게 읽을 수 있는 글을 썼다. 또 안데르센의 종이 오리기 작품에는 '무용수, 백조, 요정, 황새' 등 안데르센 동화에도 자주 쓰인 소재들이 곧잘 등장하는데, 이 낯익은 소재들이 예상치 못한 방식으로 어우러져 안데르센의 동화와 마찬가지로 "익살스럽고, 환상적이고, 재미있고, 때로는 슬프거나 무섭기도 한" 분위기를 자아낸다. 우아한 백조와 교수대에 목 매달린 남자가 함께 등장하는 묘한 종이 오리기 작품들을 보고 있노라면 아름다운 사랑과 비극적인 죽음이 함께하는 안데르센의 동화들이 떠오른다.

그러한 기쁨과 슬픔의 공존은 안데르센 자신이 경험한 삶에서 비롯된 것이기도 하다. 안데르센은 비참한 밑바닥 생활과 화려한 상류 사회를 모두 경험했고, 눈부신 명예를 누리면서도 불안과 열등감에 시달렸으며, 많은 사람들에 둘러싸여 살면서도 평생 집도 가족도 없었다. 이 책은 그처럼 달콤한 행복과 씁쓸한 고통이 한데 어우러진 안데르센의 삶을 이해하는 데 좋은 길잡이가 될 것이다. 어린이부터 어른까지 누구나 쉽게 읽을 수 있으면서도 안데르센의 일생과 문학적 업적에 관한 주요 정보를 놓치지 않으며, 자서전과 편지, 주변 인물들의 기록 같은 자료를 풍부히 활용해 생생함을 더한다. 이 책이 안데르센의 동화와 종이 오리기 작품들과 더불어 안데르센이라는 인물을 알아 가는 유익한 통로가 되었으면 한다.

햇살과나무꾼

참고 문헌과 출처
Bibliography and Source Notes

책을 쓸 때 아래의 책과 기사에서 귀중한 정보를 얻었다. 안데르센이나 종이 오리기에 대해 더 알아보고 싶은 독자들이 흥미롭게 읽을 만한 자료도 있다. °로 표시한 책은 어린이들도 쉽게 읽을 수 있다.

종합

저자가 특히 많이 참고한 네 권의 책은 본문의 거의 모든 장에서 인용되었다. 처음 두 권은 안데르센의 생애를 다룬 책이고, 나머지 두 권은 안데르센의 예술 작품을 다룬 책이다.

Andersen, Hans Christian. 《The Fairy Tale of My Life: An Autobiography》 New York: Paddington Press, Ltd., 1975 (Reprint of 1871 English edition).

Bredsdorff, Elias. 《Hans Christian Andersen: The Story of His Life and Work 1805~1875》 New York: Charles Scribner's Sons, 1975.

Heltoft, Kjeld. 《Hans Christian Andersen as an Artist》 Translated by Reginald Spink. Copenhagen: The Royal Danish Ministry of Foreign Affairs, Rosenkilde og Bagger, 1977.

de Mylius, Johan. 《H. C. Andersen Paper Cuts》 Copenhagen: Komma & Clausen, 1992.

들어가는 말

《The Andersen-Scudder Letters: Hans Christian Andersen's Correspondence with Horace Scudder》 Edited and translated by Jean Hersholt and Waldemar Westergaard. Berkeley & Los Angeles: University of California Press, 1949.

제1장

Böök, Fredrik. 《Hans Christian Andersen: A Biography》 Translated by George C. Schoolfield. Norman: University of Oklahoma Press, 1962.

Spink, Reginald. 《Hans Christian Andersen and His World》 New York: G. P. Putnam's Sons, 1972.

제2장

°Harboe, Paul. 《A Child's Story of Hans Christian Andersen》 New York: Duffield & Co., 1907.

Nielsen, Erling. 《Hans Christian Andersen (1805-1875)》 Copenhagen: The Royal Danish Ministry of Foreign Affairs, 1983.

Spink. 《Hans Christian Andersen and His World》

제3장

Böök, 《Hans Christian Andersen》

《The Diaries of Hans Christian Andersen》 Edited and translated by Patricia L. Conroy and Sven H. Rossel. Seattle: University of Washington Press, 1990.

°Godden, Rumer. 《Hans Christian Andersen: A Great Life in Brief》 New York: Alfred A. Knopf, 1955.

Reumert, Elith. 《Hans Andersen the Man》 Translated by Jessie Bröchner. London: Tower Books, Methuen & Co., 1927. Reprint. Detroit: Tower Books, 1971.

제4장

Andersen, Hans Christian. 《A Poet's Bazaar: A Picturesque Tour in Germany, Italy, Greece, and the Orient》 Boston: Houghton, Osgood, and Company, 1879.

《The Andersen-Scudder Letters》

Bendix. Rigmor. "Hans Christian Andersen-His Methods of Amusing Children." 《The Strand Magazine》 June 1905.

《The Diaries of Hans Christian Andersen》

제5장

°Andersen, Hans Christian and Grandfather Drewsen. 《Christine's Picture Book》 New York: Holt, Rinehart and Winston, 1984.

《The Andersen-Scudder Letters》

Bendix, "Hans Christian Andersen-His Methods of Amusing Children."

Böök. 《Hans Christian Andersen》

《The Diaries of Hans Christian Andersen》

Ellis, Alec. 《A History of Children's Reading and Literature》 Oxford: Pergamon Press, 1963.

Hovde, Brynjolf Jakob. 《The Scandinavian Countries 1720-1865: The Rise of the Middle Class》 Vol. 2. Ithaca: Cornell University Press, 1948.

제6장

Bendix. "Hans Christian Andersen-His Methods of Amusing Children."

Hickman, Peggy. 《Silhouettes, A Living Art》 Newton Abbot, Vermont: David & Charles, 1975.

°Kramer, Jack. 《Silhouettes: How to Make and Use Them》 Boston: Houghton Mifflin Company, 1977.

Laliberté, Norman and Alex Mogelon. 《Silhouettes, Shadows, and Cutouts》 New York: Reinhold Book Corporation, 1968.

Newman, Thelma, Jay Hartley Newman, and Lee Scott Newman. 《Paper as Art and Craft: The Complete Book of the History and Processes of the Paper Arts》 New York: Crown Publishers, 1973.

Rubi, Christian. 《Cut Paper, Silhouettes and Stencils: An Instruction Book》 New York: Van Nostrand Reinhold Co., 1972.

맺는말

Böök. 《Hans Christian Andersen》

찾아보기
Index

ㄱ

갈라테아호 47-48

극장 11, 14, 20, 26-27, 33, 37, 52, 63

《꿋꿋한 주석 병정》 11

ㄴ

놀잇감 11, 14

ㄷ

도네르 남작 부인 12-13, 54

독일 6, 31, 36, 60

데르비시 44

드레우센, 루이세 50

드레우센, 잉에보르 64

디킨스, 찰스 44, 46

디킨스, 헨리 46

ㄹ

랑에, 요한 마르틴 크리스티안 51

로마, 이탈리아 42

롤리헤드 67

룬, F. C. 40

룬, 악셀리네 40

리웅에, A. P. 34

린드, 예니 61

ㅁ

멜키오르, 도로테아 66-67

《못생긴 새끼 오리》 11, 70

문법학교 18, 27, 50, 69

뮐러, 엘리사베트 54-55

ㅂ
백조 6, 14-15, 35, 48, 62, 66, 70
베르네, 오라스 42-43
벤딕스, 리모르 14, 52, 59-60
《부시통》 28
빌레, 스텐 47

ㅅ
산업 혁명 60
성서 18, 52
세레 가족 6, 31
셰익스피어, 윌리엄 20
스웨덴 54, 61
스크랩북 52
스탐페, 아스트리드 52
스텐부크, 마리 57-58
실루엣 60-62

ㅇ
《아라비안나이트》 18
안데르센, 아네 마리(안데르센의 어머니) 17, 20 22, 24

안데르센, 한스 크리스티안
  교육 18, 25, 27-28, 69
  극작가 22, 27-28, 33
  동화 11-12, 14, 17, 28, 31-32, 36, 39, 41, 52, 59, 70
  무대 경력 22, 25, 27, 33
  어린 시절 16-24
  예술가 11, 20, 42, 66, 70
  외국 여행 28, 36, 41-49, 54, 56
  외모 13, 22, 27-28, 39, 61, 70
  이야기꾼 11-12, 33-39
  일기 12, 33, 36, 42, 44, 46, 56
  자서전 12, 16-17, 19-20, 36, 49
  죽음 57, 66
  할아버지, 할머니 17-18
안데르센, 한스(안데르센의 아버지) 17-20, 27
《어린 이다의 꽃》 28, 30-32
『어린이를 위한 동화』 28
《엄지 아가씨》 11
에인즈워스, 윌리엄 44
예리샤우, 옌스 아돌프 53
오덴세, 덴마크 14, 16, 24, 36, 69
《완두콩 위에서 잔 공주》 28
왕립 극장 24-25, 27
외르스테드, H. C. 30, 35

외르스테드, 마틸데 30, 35
요크, 영국 42
《인어 공주》 11
인형과 인형 극장 11, 19-20, 27

ㅈ

《작은 클라우스와 큰 클라우스》 28
종이 오리기
    동화 속에서 31-32
    '사진기'처럼 42
    선물 54-58, 66-67
    소재 14-15, 17, 20, 41, 46, 56, 66
    오래된 예술 60
    의사소통에 도움을 줌 44, 46
    이야기를 들려주면서 12-14, 33-39, 59
    재료 34, 60, 62-63
    접기, 기법, 형식 59-66, 70
종이 오리기 작품
    가장무도회 옷을 입은 여인 34
    고리 모양 귀고리를 하고 장화를 신고 있는 사람 71
    고리 위의 난쟁이와 발레리나 45
    광대와 태양과 극장 37
    꽃과 "마리" 58
    꽃다발에 두르는 띠와 무용수가 달린 나비 55
    꽃무늬 고리를 든 네 여자아이 35
    나무, 천사, 무용수와 함께 있는 피에로 38
    나뭇잎 왕관을 쓰고 웃고 있는 신사 2
    남자와 여자 63
    둥글게 서서 손을 맞잡고 하트 모양을 들고 있는 남자들 29
    무용수, 천사, 거인 두 명이 있는 무대 (표지)
    무용수를 들고 있는 풍차 인간 50
    무용수와 꽃과 웃는 얼굴들 10
    무용수와 피에로와 잠의 요정들 64
    물건이 놓인 쟁반을 이고 있는 피에로 68
    발레리나가 있는 극장 무대 26
    백조, 야자수, 건축물, 부채를 든 숙녀, 교수대에 매달린
       "마음 도둑" 등 안데르센이 즐겨 쓴 소재가 많이
       등장하는 종이 오리기 작품 15
    백조를 탄 피에로와 네모꼴 테두리 6
    범선 갈라테아호 47
    뾰족탑이 있는 중동의 이슬람 사원 19
    신문으로 만든 "브라질 사람" 63
    안데르센이 마지막으로 만든 큰 작품 67
    앞코가 구부러진 신발을 신고 무릎을 구부리고
       있는 남자 23
    완성하지 못한 큰 작품 65
    종이를 오려 만든 조각가 베르텔 토르발센의 초상화 43
    짝지어 춤추는 네 사람 53

춤추는 피에로 30
코코넛 야자수 21
하트 모양 교수대에 매달린 두 사람 31
해바라기 인간 51
황새와 무용수가 있는 나무 40

ㅎ
홀스타인 백작 부인 53-54
홀스타인보르 53-55, 57-58
황새 14, 40-41, 62
《황제의 새 옷》 11

ㅋ
카르스텐쇨 가족 68
카울바흐, 빌헬름 36
코펜하겐, 덴마크 10, 24-25, 28, 34,
  47, 49, 63, 66
콘스탄티노플(이스탄불), 터키 44, 47-48
콜린, 에드바르 34, 39, 50
콜린, 요나스 27, 34, 50-52, 64
크루세, 루이세 34, 62-63

ㅌ
당 가족 19, 45
터키 18, 44, 47-48, 56
토르발센, 베르텔 42-43
틸레, 이다 30-32

ㅍ
프리센보르 백작 37

지은이 베스 와그너 브러스트

미국 캘리포니아 주 샌디에이고에서 태어나, 스탠퍼드 대학교에서 국제관계학을 공부했다. 주로 어린이를 위한 논픽션 책과 역사 소설을 썼다. 덴마크 오덴세의 '한스 크리스티안 안데르센 박물관'에서 처음 안데르센의 종이 오리기 작품을 보았고, 많은 작품이 아이들에게 줄 선물이었다는 사실에, 예술가 안데르센의 이야기를 쓰게 됐다. 《종이 오리는 이야기꾼 한스 크리스티안 안데르센》은 이야기꾼으로 성공한 동화 작가일 뿐만 아니라 혁신적이고 독창적인 종이 오리기 예술가로서의 안데르센 삶을 보여 주는 탁월한 전기로 평가받으며, 미국 도서관협회 주목할 만한 어린이책, 페어런츠 초이스 수상작으로 선정되었다.

옮긴이 햇살과나무꾼

어린이책을 사랑하는 사람들이 모여 만든 기획실로, 세계 곳곳에 묻혀 있는 좋은 작품을 찾아 우리말로 소개하고 어린이의 정신에 지식의 씨앗을 뿌리는 책을 집필하고 있다. 옮긴 책으로는 《안데르센 동화집》 시리즈(전7권), 《나니아 연대기》, 《제인 에어》, 《세라 이야기》, 《워터십 다운의 열한 마리 토끼》, 《나는 선생님이 좋아요》, 《책·어린이·어른》 들이 있고, 쓴 책으로는 《마법의 두루마리》 시리즈, 《네버랜드 생태 탐험》 시리즈(전5권), 《위대한 발명품이 나를 울려요》 들이 있다.